梁玥 主编

行政法史料汇编

1949—1965

税务行政法

中国法制出版社
CHINA LEGAL PUBLISHING HOUSE

总序

《行政法史料汇编》系上海政法学院行政法学重点学科建设的阶段性成果。上海政法学院行政法学学科先后被立项为上海市重点学科（2006）、上海市教育委员会行政法学重点学科（2009）、中央财政支持地方高校建设行政法学重点学科（2010）等重点建设项目，在项目建设过程中，学科凝练了三个建设方向，分别为行政法基础理论与应用、部门行政法、公共政策与行政法治。其中，行政法基础理论与应用方向中的“行政法史”为颇具特色的学科建设内容。上海政法学院行政法学科组成员在行政法专题史、断代史、国别史研究方面形成了一系列研究课题，已出版的著作涵盖了行政法制史、行政法思想史、行政法认识史、行政法奠基史等一系列重要的理论成果。

1949年10月1日中华人民共和国成立，彻底结束了旧中国半殖民地半封建的历史。新中国的成立使千年中华大地发生了翻天覆地的变化，这种巨大变化的背后是各种混沌亟待解决，新中国成立初期的行政管理处于探索阶段，这时的行政法主要解决国家重建过程中的各类重要问题，使满目疮痍的国家重现生机。这时期我国的行政法由于没有一套较为科学的系统性的行政法治建设思想体系，呈现出零散性、对事性、滞后性、原则性和试验性的特点，同时具有很浓厚的践行共产主义的时代特征，很长时间内处于有问题解决问题的弥补状态。本丛书通过对1949年12月至1965年12月间，由政务院（国务院）、中央人民政府委员会、公安部、内务部等国家机关批注与发布的税收、商业、经济、工业交通、农业、社会方面的行政法令、法规进行整理和汇编，力求全面呈现新中国成立初期各领域的行政法律制度内容。以期全面、客观地呈现在缺少行政法治体系总体规划以及相应时间表的历史阶段中，我国行政法的主要任务是什么、是如何设计运行的、体现了何种时代特征，以及我国是如何探索出一套具有中国特色社会主义的行政法治体系建设理论的。通过梳理当时的法律制度建设过程，为新中国成立初期行政法律制度研究提供较为详实的历史资料。

“史料汇编”系列的整理和出版是为理论研究所做的基础性工作，同时又使一些散见的法律文献整体再现。该汇编具有以下两个方面的重要价值：其一，对新中国成立初期的行政法组织法规进行了系统的梳理，在一定程度上保护了这些较为珍贵的历史文献。并通过体系化的梳理工作，使其形成了较为完整的体系结构，从效力层级到历史沿革，都做出了较为详细的说明，从而具有较高的文献价值。其二，与我校以前编著的《陕甘宁边区行政法概论》《行政组织法史料汇编与点评：1950—1960》等史料汇编丛书衔接，系统阐述了新中国成立初期行政法观、陕甘宁行政法体系、行政法的渊源和实践基础等，为探索研究我国早期行政法提供一套完整、成体系的行政法制度史料，为读者直观地呈现我国各个行政领域内的行政法建设经历和各种制度创新过程。

本丛书以中国法制出版社出版的《中华人民共和国法规汇编》为基础，编选、整理中华人民共和国成立初期（1949—1965）的行政法规、部门规章以及规范性文件，并做适当的技术性分类。

目录

Contents

1.海关总署试行组织条例

（1949年12月30日政务院第十三次政务会议批准）

第一条 本条例依据中央人民政府组织法第十八条第二十一条之规定制定之。

第二条 中央人民政府海关总署为中华人民共和国的国家行政机关，统一掌管全国一切海关事宜。

第三条 中央人民政府海关总署受政务院的领导及政务院财政经济委员会的指导，并与贸易部保持密切联系，执行贸易部根据中央人民政府对外贸易政策法令所颁布的有关进出口货物的决定。

第四条 中央人民政府海关总署设署长一人，主持全署事宜。副署长若干人，协助署长执行职务。署长及副署长，由中央人民政府委员会任命之。

第五条 中央人民政府海关总署之职权如左：

一、组织与管理中华人民共和国的一切海关机构及其业务；

二、制定执行政府法令海关任务的计划方案，单独或协同有关政府机关颁发关于海关业务的指令、训令、规章；

三、研究海关政策问题，参与制定有关海关税则问题的国际条约和协定草案；

四、拟定海关业务法规草案，参与制定海关税则并决定实施方案；

五、督促全国海关执行国家政策法令，关务训令及规章，规定各地海关按期向总署报告工作和情况，检查审核各关工作；

六、审核各海关对于走私及违反关章事件的处理情形，以及关于上述问题对海关所提出的申诉；

七、编造总署及各海关之人员编制，财政预算，并指导各关之会计出纳事宜；

八、遴选配备奖惩调遣全国海关工作人员，培养训练干部提高其政治与业务水平；

九、编制中华人民共和国对外贸易海关统计，指导全国海关统计工作；

十、依法管理保护一切关产。

第六条　中央人民政府海关总署设左列各厅处：

一、办公厅；

二、税则处；

三、货运监管处；

四、查私处；

五、海务处；

六、财务处；

七、统计处；

八、视察处；

九、人事处；

十、总务处。

厅设主任、副主任，处设处长、副处长。

第七条　中央人民政府海关总署各厅处的职掌如左：

一、办公厅　襄助署长建立总署内外联系，准备与组织各种会议，管理文件收发与机要事宜，担任法律咨询、资料编译，检查总署首长命令、指示的执行，办理文书之撰拟、缮印、校核及掌管总署印信、档案。

二、税则处　拟定海关税则方案及有关海关税则问题的国际条约和协定草案，指导税则分类解释，制定货物估价方法，监督海关税则之应用，审核各关验估征税工作，以及对此问题所提出之申诉。

三、货运监管处　草拟进出口货物、邮包、旅客行李及经过国境之交通运输工具等监管章则、训令、指示，督导各地海关对上述章则、命令的执行，审查关于违反关章不服海关措施所提出之申诉。

四、查私处　督导查私工作，拟定查私条例与训令、指示，管领关警及查私舰艇、武器、统筹私货标卖及审理关于走私的申诉事宜。

五、海务处　指导海务港务，视察海港设备及其他助航装置之情况与工作，拟制修建计划掌管海关船只，负责船只之供应及技术事宜。

六、财务处　编造总署及各关人员定额财政计划及预算决算方案并监督其执行，指导审核总署及各关经费税款之会计、出纳，编制财政经济工作报告。

七、统计处　编制商品目录，制定中华人民共和国对外贸易海关统计之方法，编辑对外贸易统计概要，计划与出版刊物。

八、视察处　审查各地海关执行海关法令、规章、训令的情形，并帮助其计划工作，调查研究及审核各地海关工作，并提出改进工作之建议，处理违法失职案件。

九、人事处　统一掌管全国海关干部人员之鉴定、任免、升降、奖惩、调遣事宜，分别向总署领导方面及各关领导方面提出建议，拟定并实行关于提高海关工作人员政治与业务水平的办法，指导员工福利事宜，调查统计干部人员，保管人事档案。

十、总务处　掌管总署会计、出纳及海关公用物品的购置、供应，管理总署办公房屋、宿舍、用具及交通工具，建立机关秩序，保养关产及其他庶务事宜。

第八条　中央人民政府海关总署各厅处之设置，得请准政务院增减变更之。

第九条　中央人民政府海关总署设地方海关机构为关、分关、支关，各地海关直隶于海关总署，各分关、支关得依据海关总署之规定，隶属于地方海关。

第十条　地方海关执行左列职务：

一、关于出入口货物，关于经过中国国境之外国转运货物，国际邮包，关于出入国境之轮船、火车、飞机等交通工具及其服务人员与旅客所带货币和私人物品，关于对出入口货物有关的码头仓库等法令，执行实际的监管；

二、稽征关税及其他法定税捐收入；

三、查禁走私行为；

四、办理其他各种海关业务。

第十一条 地方海关机构之设立、迁移或撤销，由本署会同中央贸易部、财政部及公安部办理之。

第十二条 各地海关、分关、支关设置关长、分关长、支关长主持关务，必要时得设副关长、副分关长、副支关长协助之。

第十三条 各地海关正副关长，由本署呈请政务院任免之，正副分关长、支关长由本署任免之，并呈报政务院审核备案。

第十四条 各地海关得由各关关长视业务范围与工作繁简，呈准本署设置左列各部门：

一、货运监管科；

二、验估征税科；

三、海港科；

四、查私科；

五、人事科；

六、会计科；

七、总务科。

各关正副科长，由本署任免之，其余海关工作人员之调配，由各关关长办理之，并呈报本署审核备案。

第十五条 本条例经政务院政务会议通过，中央人民政府委员会批准后施行，其修改同。

2.货物税暂行条例

（1950年1月27日政务院第十七次政务会议通过
同年1月31日公布
1950年12月15日政务院第六十三次政务会议修正
同年12月19日公布）

第一条 本条例所列货物，不论本国产制或国外输入，除另行规定者外，均依本条例交纳货物税。

第二条 货物税以应税货物之产制人或购运人为纳税义务人，依规定向中央人民政府财政部税务总局所属各级税务机关交纳之。

第三条 货物税之减免，须经中央人民政府财政部核准，各地政府及税务机关不得以任何方式减税或免税。

第四条 凡已完纳货物税之货物，行销全国，不得重征或附征其他税捐。

第五条 货物税从价计征，其税目税率如下：

<table>
<tr><th colspan="4">税目</th><th rowspan="2">税率</th></tr>
<tr><th>类别</th><th colspan="2">项别</th><th>目别</th></tr>
<tr><td rowspan="5">烟酒类</td><td rowspan="5">卷烟</td><td rowspan="4">纸烟</td><td rowspan="4">机制、半机制、手工制纸烟。</td><td>甲级120%</td></tr>
<tr><td>乙级110%</td></tr>
<tr><td>丙级100%</td></tr>
<tr><td>丁级90%</td></tr>
<tr><td>雪茄烟</td><td></td><td>100%</td></tr>
</table>

续表

税目				税率
类别	项别		目别	
烟酒类	烟丝		高级斗烟丝。	100%
			普通烟丝。	45%
	烟叶		薰烟叶、土烟叶。	40%
	酒	甲类	洋酒、仿洋酒。	100%
		乙类	白酒、黄酒。	80%
		丙类	啤酒、改制酒、果木酒、漏水酒。	40%
		丁类	药酒。	30%
	酒精		普通酒精。	80%
			改性酒精。	20%
鞭炮及迷信品类	鞭炮		鞭炮。	20%
	迷信品		锡箔、黄表、迷信用纸。 神香、檀香。	80%
化妆品类	甲类		香水、香粉、口红、胭脂、指甲油、画眉笔。	100%
	乙类		头油、面蜜、发水、雪花膏、花露水、爽身粉。	60%
饮食品类	饮料品、罐头		汽水、果子露、果子汁、果子水。	30%
			罐头食品。	20%
	贵重食品		燕窝、银耳、鱼翅、鱼肚、鱼唇、鲍鱼、干贝、海参。	40%
	糖		红糖、白糖、砂糖、冰糖、饴糖、糖精。	30%
	茶		毛茶、红茶、绿茶、沱茶、砖茶、花薰茶。	20%
	调味品		机制调味粉、酱油精。	10%

续表

税目				税率
类别	项别		目别	
饮食品类	水产品		不属于贵重食品的各种海产食品。	5%
			淡水产的鱼、虾、蟹。	5%
	肠衣、蛋制品		肠衣、蛋制品。	5%
	麦粉		机制、半机制麦粉。	3%
纤维皮毛类	棉纱、麻纱		机制棉纱、麻纱。	15%
	毛纱、毛线		机制、半机制及搀杂其他纤维的毛纱、毛线。	20%
			机制地毯毛纱。	10%
	毛制品			5%
	人造丝			20%
	丝、麻织品		丝织品。	5%
			机制麻袋、麻袋布。	
	皮毛	甲类生皮	狐皮、獭皮、貂皮、虎皮、豹皮、鹿皮、狸皮、海龙皮、獾绒皮、白熊皮、紫羔皮、猞猁皮、海狗皮、灰鼠皮、银鼠皮、松鼠皮、香鼠皮、金丝猴皮、黄鼠狼皮。	15%
		乙类生皮	不属于甲类的各种生皮。	10%
		甲类毛	猪鬃、马尾、马鬃。	10%
		乙类毛	羊毛、驼毛。	5%
用品类	甲类		钟表、电扇、留声机、唱片。	15%
			收音机、暖水瓶、自来水笔、自行车零件。	5%

续表

税目				税率
类别	项别		目别	
用品类	乙类		瓷器、细陶器、搪瓷器。	5%
			铝制品。	
			玻璃制品。	
	丙类		香皂、牙膏。	10%
			肥皂。	5%
工业品类	火柴			15%
	纸	甲类	金属纸、装饰纸、卷烟用纸。	15%
		乙类	普通用纸。	5%
	植物油		桐油、豆油、麻油、柏油、茶油、花生油、棉籽油、菜籽油、椰子油。	10%
	化学漆、胶、颜料、染料			10%
	化学硷			5%
	平面玻璃			10%
	水泥、砖瓦		水泥。	15%
			机制砖瓦。	5%
	电料		电灯泡、电线、干电池。	5%
	五金		机制钉、管、板片、丝条。	5%
	橡胶制品		轮带、车胎、胶管、电池箱。	3%
			胶鞋、胶底、胶皮板、胶皮布。	6%
矿产品及竹木类	矿产品	甲类	金、银、钨砂。	10%

续表

<table>
<tr><th colspan="4">税　目</th><th rowspan="2">税　率</th></tr>
<tr><th>类　别</th><th colspan="2">项　别</th><th>目　别</th></tr>
<tr><td rowspan="4">矿产品及竹木类</td><td rowspan="3">矿产品</td><td>乙类</td><td>铜、锡、铅、锑、铝、锌、锰、铋、钼、镁、汞、石膏、明矾、云母、石墨、石棉、砩石、硼砂、硫磺、雄黄、滑石、天然硷、白云石。</td><td>5%</td></tr>
<tr><td rowspan="2">丙类</td><td>煤、生铁。</td><td rowspan="2">3%</td></tr>
<tr><td>焦炭、矿物油及其副产品。</td></tr>
<tr><td colspan="2">竹、木</td><td>原竹、原木。</td><td>5%</td></tr>
</table>

第六条　货物税完税价格及应纳税额之计算公式如下：

市场平均批价 ÷（1＋税率）=完税价格

完税价格 × 税率=应纳税额

货物税完税价格，每月评定一次，依评价前十天当地市场平均批发价格计算；但遇物价涨落超过百分之十时，应随时调整之。

厂商如有公告之牌价，经税务机关认为可资依据者，得采用牌价核税。

第七条　应税货物完税后，须发贴完税照证，以凭运销查验，其主要之照证规定如下：

一、完税照；

二、完税证；

三、查验证。

第八条　凡国内产制之应税货物，由税务机关按照下列方法征税：

一、驻厂征收：厂、场产制之应税货物，派驻征员驻厂、场征收之。

二、查定征收：厂、场规模较小，不便派员驻征者，得查明产量，按期核定征收之。

三、起运征收：不便依一、二两款征收者，于货物起运时征收之。

第九条 凡国外输入之应税货物，由进口商于交纳关税时，一并交纳货物税。

前项货物税，由海关代征，其办法另定之。

第十条 已税货物输出国外，经公告准许退税者，得由出口商向税务机关申请退还货物税税款。

第十一条 纳税义务人，除向工商管理机关办理登记外，并应于开业二十日前，以副本向税务机关申请登记；歇业或变更原登记事项时同。

第十二条 纳税义务人及行栈，应依规定据实报告有关材料，必要时，税务机关得检查其存货、账簿、单据及工厂设备。

第十三条 凡有下列违章、违法行为者，其处罚规定如下：

一、不依规定办理登记、报告、运销等手续及提供账据者，处以人民币一百万元以下之罚金。

二、私制、私运、私销及其他偷漏行为，按情节轻重，处以所漏税额五倍以下之罚金，或没收其货物的一部或全部；对特定货物得罚没并处。

漏税货物除没收部分外，并应照章补税。

三、抗不交税、拒绝检查或伪造照证、验戳、假冒商标及包揽走私等行为，除依前款处罚外，并送人民法院处理。

第十四条 前条违章、违法行为，任何人均得举发或协助税务机关查缉，经查获处理后，得以罚金或没收品变价的百分之二十至三十，奖给举发人或协助人。

第十五条 不依规定交纳税款者，除限日追缴外，并按日处以百分之一的滞纳金。必要时，得由中央人民政府财政部以命令增减之。

第十六条 本条例之施行细则，由中央人民政府财政部另定之。

第十七条 本条例自公布之日施行。

3.契税暂行条例

（1950年3月31日政务院第二十六次政务会议通过
1950年4月3日公布）

第一条 为保证人民土地房屋所有权，并便利其移转变动，制定本条例。

第二条 本条例施行区域，乡村以完成土地改革地区为限，城市全国通用。

第三条 凡土地房屋之买卖、典当、赠与或交换，均应凭土地房屋所有证，并由当事人双方订立契约，由承受人依照本条例完纳契税。

第四条 契税由土地房屋所在地之县（市）及相当于县（市）之人民政府征收之。

第五条 契税税率之规定如下：

一、买契税，按买价征收百分之六。

二、典契税，按典价征收百分之三。

三、赠与契税，按现值价格征收百分之六。

第六条 先典后买之买契税，得以原纳典契税额，划抵买契税款，但以承典人与买主同属一人者为限。继承原承典人之直系亲属及配偶以同属一人论。

第七条 交换之土地房屋，两方价值相等者，免征契税。不相等者，其超过部分，按买卖税率纳税。

第八条 各机关与人民相互间有土地房屋之买卖、典当、赠与或交换行为者，均应完纳契税。

第九条 凡属共有土地房屋，如分析时，应将原契连同分析单据呈验核准后，另换新契，免征契税，只收契纸工本费。

第十条 已税契纸，如有毁坏或遗失者，得报请区村政府召集产邻出具证明，声请补契，不另征税，只收契纸工本费。

第十一条 完纳契税，应于契约成立后三个月内办理之，逾期缴纳者，除照额补税外，每月加收税额百分之二十，不足一月者以一月计，但加收税额不得超过产价。

第十二条 匿报产价者，除责令另换契纸，据实改报补缴短纳税额外，并按短纳税额处以二倍至五倍之罚金。

第十三条 实系买、典、赠与或交换而以继承、分析等名义立契意图逃税者，或已进行田房买典而隐匿不报者，除责令据实换契，完纳契税外，并处以应纳税额六倍至十倍之罚金。

第十四条 伪造证据，侵占他人产业，或以应没收之敌逆房地产，冒名补契投税者，除没收已交税款外，并送请人民法院处理。

第十五条 本条例施行细则，得由各省（市）人民政府根据实际情况，自行制定，并报中央人民政府财政部备查。

第十六条 本条例自公布之日施行。

4. 摊贩营业牌照税稽征办法

（1950年3月15日财政部公布）

第一条 本办法依据工商业税暂行条例第四条之规定制定之。

第二条 凡从事固定经营或流动经营之摊床小贩，均依本办法征收摊贩营业牌照税。

其在公共营业场所，固定营业之摊商，以座商论。

第三条 为简化稽征手续，较小村镇之工商业税，得由税务机关，依据工商业税暂行条例第十八条第四项之规定，斟酌情况依本办法征收之。

第四条 凡资本总额满二十万元者（约等于小米二百斤，依物价变动调整），应领取营业牌照，照章纳税。不满二十万元者，领取免税营业牌照，税务机关得酌收工料费。

第五条 摊贩牌照税，采用定期定额征课办法，按季征收，于二、五、八、十一月中旬按照摊贩等级各征一次。其税额等级根据摊贩资本额规定如附表，但当地税务机关，得参照其营业地址、营业种类、营业额及营业利润等变更其等级。

第六条 为照顾小手工业，得按税额等级表所定税额，减征百分之十至四十，由当地税务机关，依行业具体情形酌定。

第七条 营业期间不满一季者，按月计征，十五日以上不满一月者，按一月计征，不满十五日者免征。

第八条 摊贩于开始营业前，除经当地政府证明向工商管理机关登记外，并须填具纳税保证书，依左列规定向当地税务机关申请登记，领取营业牌照。

一、摊贩姓名、年龄、籍贯、住所。

二、经营地区（城市、村镇固定地址或流动经营的范围）。

三、资本额（指货物资金总值，简单工具不计）。

四、经营种类。

五、开始营业日期。

第九条 牌照于每年1月份换发一次，原牌照持用人，每年应向当地税务机关据实报告资本额及营业额。牌照之等级，由各摊贩经营人或推选之代表，按照摊贩之资本及实际营业状况，依自报公议方式评定，报请税务机关按照第五条后段规定核定之。

前项之等级，税务机关得根据市场及摊贩营业变动情形，于每季开始时调整之。

第十条 凡变更营业场所或增减资本时，概依第八条之规定，重新申请登记，换领新照。歇业、转业者，应申请注销登记缴销牌照。

第十一条 牌照不得买卖或转借，如有遗失，须觅保补领，并缴工料费。

第十二条 摊贩牌照之使用，以原登记经营地区为限，不得超出规定范围，凭以销售货物。

第十三条 纳税义务人逾期不缴纳税款时，除令其保证人代为缴纳外，得处以应纳税款一倍至五倍之罚金。其抗不缴纳者，得送人民法院处理。

第十四条 违犯本办法第八、九、十、十一、十二各条规定之一者，得处以五十万元（约等于小米五百斤，依物价变动调整）以下之罚金。

第十五条 本办法公布后，以前各区、省、市之单行摊贩营业牌照征税办法，一律废止。

第十六条 本办法自公布之日施行。

摊贩营业牌照税额等级表

等　级	资本额（人民币）	每季定额税
1级	20万元	5000元
2级	超过20万元至30万元	7500元
3级	超过30万元至40万元	10000元
4级	超过40万元至50万元	15000元
5级	超过50万元至60万元	20000元
6级	超过60万元至70万元	25000元
7级	超过70万元至80万元	30000元
8级	超过80万元至90万元	40000元
9级	超过90万元至100万元	50000元
10级	超过100万元至120万元	60000元
11级	超过120万元至140万元	70000元
12级	超过140万元至160万元	80000元
13级	超过160万元至180万元	100000元
14级	超过180万元至200万元	120000元
附　注	一、资本额超过200万元者，每增20万元（不足20万元者，以20万元计）增加税额2万元。 二、本表所列资本额及税额，均依北京小米价折算，每1000元折小米1斤，其他地区，各以当地主粮由税务机关按时价比照折算。	

5.新解放区农业税暂行条例

（1950年9月5日中央人民政府委员会第九次会议通过　同日公布）

第一章　总　则

第一条　本条例根据中国人民政治协商会议共同纲领第四十条的规定，并参照新解放区农村实际情况制定之。

第二条　新解放区农业税，以户为单位，按农业人口每人平均农业收入累进计征。

第三条　凡有农业收入的土地，除本条例另有规定者外，均由其收入所得人交纳农业税。

第四条　左列各种土地免纳农业税：

一、荒地；但因怠于耕作而致荒芜者，不免。

二、以试验为目的的农场、林场和苗圃，经县（市）以上人民政府批准者。

三、学校、孤儿院、养老院、医院的自耕土地经县（市）以上人民政府批准者。

四、机关部队的农业生产收入，已向国家交纳生产任务者。

五、经中央人民政府政务院特准免税者。

第五条　左列各种土地在规定期间内免纳农业税：

一、垦种生荒地，分别不同情况在三年至五年以内者。

二、垦种熟荒地，分别不同情况在一年至三年以内者。

三、轮歇地在其轮歇之年者。

第二章　农业收入和农业人口的计算

第六条　农业收入的计算，以土地的常年应产量为标准，以市斤为单位。

“常年应产量”系指土地的自然条件、一般经营情况和种植习惯，在平常年成下全年所应收获的产量。

常年应产量的计算，以当地种植最多的主要粮食（以下简称主粮）为标准，其他粮食折合主粮计算。

第七条 同等的土地，因勤劳耕作、善于经营或种植经济作物，其收获量超过常年应产量者，仍照常年应产量计算，不多计；因怠于耕作，其收获量不及常年应产量者，亦照常年应产量计算，不少计。

第八条 凡因兴修水利，或以其他方法改良土地，而提高常年应产量，其费用，属于私人自筹者，常年应产量，在五年以内不改订；属于国家兴办者，常年应产量，在三年以内不改订。

第九条 林木或其他特产，其计征办法，由省（市）人民政府拟订，报请大行政区人民政府（军政委员会）核定之。

第十条 农业人口的计算，按填造农业税清册时农户的实有农业人口计。其不以农业收入为主要生活来源者，得不计；但革命军人和供给制工作人员，得在其家计入农业人口。

雇农在自己家中计入农业人口，不在雇主家中计算。

家居乡村的烈士家属计算农业税时，得将烈士名额，附入农业人口数内，以示优待。

第三章 税率与计征办法

第十一条 以户为单位，按农业人口每人全年平均农业收入不超过一百五十市斤主粮者，免税。

依前项规定，纳税户不及农业户90%者，其起征点得递降至一百二十市斤，由省（市）人民政府根据各该省（市）具体情况规定之。

第十二条 农业税的税率规定如左：

税级	全家每人平均全年农业收入（市斤）	税率%	税级	全家每人平均全年农业收入（市斤）	税率%
	150斤以下	免征	21	1231—1310	23
1	151—190	3	22	1311—1390	24
2	191—230	4	23	1391—1490	25
3	231—270	5	24	1491—1590	26
4	271—310	6	25	1591—1690	27
5	311—350	7	26	1691—1790	28
6	351—390	8	27	1791—1890	29
7	391—430	9	28	1891—1990	30
8	431—470	10	29	1991—2110	31
9	471—510	11	30	2111—2230	32
10	511—550	12	31	2231—2350	33
11	551—610	13	32	2351—2470	34
12	611—670	14	33	2471—2590	35
13	671—730	15	34	2591—2710	36
14	731—790	16	35	2711—2850	37
15	791—850	17	36	2851—2990	38
16	851—910	18	37	2991—3130	39
17	911—990	19	38	3131—3270	40
18	991—1070	20	39	3271—3410	41
19	1071—1150	21	40	3411斤以上	42
20	1151—1230	22			

续表

说明：1.本表的计算，以主粮为标准，按原粮以市斤为单位。 2.表列起征点150斤，依第十一条的规定，得递降至120斤，即第一级“151斤—190斤”应改为“121斤—190斤”。 3.本税率采用起征点的全额累进。计算方法举例如下： 每人平均收入200斤，应纳税额=200斤 ×4% =8斤。 每人平均收入500斤，应纳税额=500斤 ×11% =55斤。

各级人民政府，必须严格依照本条例所规定的税率计征，不得自由增加或减少。特殊户全年收入在二十万市斤以上者，得由省人民政府另行规定征收额，但包括地方附加在内，最高不得超过其农业收入的80%。

第十三条 凡农业收入不能以人口平均计算者，依左列规定计征：

一、学校、孤儿院、养老院、医院的耕地收入，用以充作各该机关经费者：其耕地，雇工经营者，按其农业总收入的百分之七计征；出租者按其租额的百分之十计征。

二、公营农场，按其农业总收入的百分之十计征。

三、祠堂、会社、寺庙、教会的耕地，自耕者，按其农业总收入的百分之十四计征；雇工经营者，按其总收入的百分之二十五计征；出租者，按其租额的百分之四十计征。

四、喇嘛庙、清真寺的耕地，其农业税计征办法，由省（市）人民政府另行拟订，报请大行政区人民政府（军政委员会）核定之。

第十四条 凡纳税户的土地分散在外省（市）县（市）者，其农业税依左列规定计征：

一、省、县、区、乡交界处的自耕地佃耕地，一律就纳税户所在地合并计征。

二、出租地分散在外省（市）者，就土地所在地单独立户按一人计征。

三、出租地分散在本省各县（市）或本县（市）各区、乡者，其应合并计征或分别立户计征，由省（市）县（市）人民政府依纳税之便利规定之。

第十五条 农业税以总收入为计征标准，自耕地、出租地和佃耕地，因其收入性质有总收入和纯收入的不同，依照政府奖励劳动，照顾生产的原则，应按左列规定折算后，再依照第十一、第十二两条的规定计征之：

一、自耕地和雇工经营土地的收入为总收入，每一百斤作一百斤计算。

二、出租地的收入为纯收入，每一百斤作一百二十斤计算。

三、佃耕地的收入为交租后的收入，实低于总收入，每一百斤作八十斤计算。

第十六条 出租地和佃耕地的纳税办法依左列规定办理：

一、依法减租和依法交租的土地，由业佃双方按各自收入计算负担。

二、未依法减租的土地，除业主收入部分按出租收入依率计征，由业主交纳外，佃户收入部分，按9%的税率计征，亦由业主交纳。

业主在交税后，进行减租时，得由应减租额中，将代佃户所交税额扣除之。

三、业主不收租的土地，先按减租法令规定划分为佃户收入部分和业主收入部分，佃户收入部分按佃耕收入计算，业主收入部分，按出租收入计算，分别依率计征，统由佃户交纳。

佃户在交税后，实行交租时，得由应交租额中，将代业主所交税额扣除之。

第四章 调查、征收和减免

第十七条 纳税户的土地亩数、产量和人口，由乡（村）人民政府组织包括各阶层代表在内的农业税调查评议委员会，进行调查评议，并依本条例的规定计算各户应交税额，填造农业税清册，报送县（市）人民政府核定之。

第十八条 农业税额全年一次计算，分夏秋两季征收；夏收较少地区，得于秋季一次征收之。

农业税以征收当地主粮为主，但得折征其他粮食，其折合比例，由省（市）人民政府本公私兼顾的原则，照当地各种粮食一般比价拟订，层报中央人民政府政务院核定之。

第十九条 农业税除保证征收国家所必需的粮食数额外，为便利人民交纳，并得折征现款和其他农产品；折征种类、数额、折合比例和征收地区，由各省（市）人民政府拟订，层报中央人民政府政务院核定之。

第二十条 农作物收获后，乡（村）人民政府根据县（市）人民政府核定的税额，列榜公告，纳税人须按公告规定，将应交粮食、现款或其他农产品，按期送交指定的收粮仓库或机关，取得正式收据。

运送路程，往返超过一百里者，其超过里程，应按当地一般运价发给运费。

第二十一条 纳税户所交粮食，必须晒干扬净；不得掺水掺杂。

第二十二条 农业税地方附加，不得超过正税的15%，随同农业税附征之。

第二十三条 纳税户如认为有调查不实、评议不公或计算错误等情事时，得向农业税调查评议委员会声请复议、复核；如仍有不服，可再向乡（村）、区、县人民政府申诉；乡（村）、区、县人民政府应及时调查，由县人民政府依法裁定。但在申诉期间，纳税户须按原定税额如期交纳，俟裁定后清理之。

第二十四条 凡遭受水、旱、虫、雹或其他灾害，经调查属实，得酌予减免，其减免办法，由大行政区人民政府（军政委员会）规定，请报中央人民政府政务院备案。

第二十五条 革命烈士家属、革命军人家属、供给制工作人员家属和老、弱、孤、寡、残废等特别贫困者，经乡（村）农业税调查评议委员会评定，报请县（市）人民政府批准，得减免其税额。

第五章　奖　惩

第二十六条　凡根据本条例在征粮、交粮工作中，有左列表现者，得给予表扬或奖励：

一、征粮干部善于执行政策，作风良好，工作积极者。

二、纳税人忠实报告土地亩数和产量，并踊跃交纳好粮，起模范作用者。

第二十七条　凡违犯本条例的规定，虚报人口、地亩、产量，逃避纳税者，经调查属实，除订正补交外，并得由县（市）人民政府处以逃避税额部分的百分之五十以下罚金。

如有抗税或破坏征粮工作，情节重大者，得送人民法院处理。

第二十八条　行政人员在征粮工作中，有营私舞弊，或违法失职，致使国家、人民遭受损失者，予以行政处分；情节重大者，送人民法院处理。

第六章　附　则

第二十九条　各省（市）人民政府，得根据本条例，参照当地具体情况，拟订各该省（市）农业税暂行条例施行细则，报请大行政区人民政府（军政委员会）核准后，转报中央人民政府政务院备案。

第三十条　少数民族聚居的地区和畜牧地区的农、牧业税征收办法，由各该省人民政府另行拟订，报请大行政区人民政府（军政委员会）核准后，转报中央人民政府政务院备案。

第三十一条　本条例自中央人民政府委员会批准公布之日施行。

6. 财政部关于农业税土地面积及常年应产量订定标准的规定

（1950年9月16日）

一、土地面积以"市亩"为基本单位，每市亩为六十方市丈（每市丈为十市尺，每市尺等于三分之一公尺），但在市亩尚未通行地区，区村登记得暂以当地习惯亩或"垧"为单位，由县人民政府折合市亩，列表具报，并详加说明。

二、土地产量以常年应产量为标准。常年应产量是指：各种土地根据其自然条件和当地一般经营条件及种植习惯，在平常年成下，全年所应收获的产量。

（1）土地自然条件是指：土质、水利、地势（高、洼、平坦）、气候（温度、雨量）、风向、阳光等。

（2）土地经营条件是指：当地一般农户对土地所施劳力、畜力、肥料及耕作技术等。同等的土地，因勤劳耕作，善于经营，其收获量超过同等土地的常年应产量者，其增加部分不多计；因怠于耕作，收获量不及同等土地的常年应产量者，其减产部分亦不少计。

（3）种植习惯是指：在当地自然条件与一般经营条件下，一般农户种植的次数和种植的作物。一年收一季、一年收二季或一年收三季的，均按一年全部应产量计算；二年收三季、三年收四季或三年收五季的，均按每年平均应产量计算（如二年收三季者，即以二除三季总产量，其余类推）。各季作物的秸、秆、禾草均不计入收获之内。

三、种植各种经济作物（如棉花、麻、花生、烟叶等）的土地，应按相同的土地种植一般谷物的常年应产量的标准订定之。

四、常年应产量应折合主粮计算。主粮是指：当地种植最多的谷物（如华北的粟谷、东北的高粱、江南的稻谷、西北的小麦等）各种作物与主粮折合比例由省（市）人民政府规定，报请大行政区人民政府（军政委员会）核定之。

五、主粮以市斤为基本计算单位（每市斤为二分之一公斤，即五百格兰姆，合库平制秤十三两五），以市斗为辅助单位（市斗即公斗，为一万立方糎）。市斤与市斗尚未通行地区，区、村得暂按当地通行单位登记，由县（市）人民政府折合具报，并加注明。

六、各大行政区或省（市）人民政府得根据本规定，参照当地情况，拟订具体的规定，报请中央人民政府政务院备案。

7.政务院关于关税政策和海关工作的决定

（1950年1月27日政务院第十七次政务会议通过
1950年3月7日发布）

中央人民政府政务院认为：在过去一百多年当中，帝国主义者侵犯了我国的海关自主权，他们用武装力量及奴役式的条约，强迫我国开辟商埠，进行对外贸易，规定以极低的关税甚至免除关税输入商品。各帝国主义国家，曾充分利用了这些特权，大量地向我国输入生产品，吸收廉价原料，并借此绞杀和阻碍了我国民族工业的自由发展，使我国长期变为落后的从属外国的半殖民地。

帝国主义者为了保护其在对外贸易方面的特权，为了对其奴役性的条约和掠夺性的借款取得赔款与债息的担保，曾长期地掌握了我国海关管理和关税收支的大权，海关主要负责人员，全部由英美人担任，在各海关用英语办事行文，外国职员的薪金比中国职员高得多，并且享受一切中国职员所得不到的特殊优待条件。一九四三年的所谓“取消不平等条约”，并没有真正实现海关的自主，只不过是把海关的管理权从一个帝国主义者转到另一个帝国主义者手里，海关的最高官员由美国人代替了英国人。

帝国主义者掌握我国海关大权后，继续扩大损害我国主权，如将与海关无关的职务，如保证航运的安全和巡卫国境海岸等，也揽入海关管理范围之内，用我国海关的和其他的收入，建筑港口、灯塔及其他助航设备，这些设备，对我国固有一定用处，但首先是利用来保证外国运输的安全和方便，而不是用来便利我国脆弱的不能与外国资本主义公司进行竞争的航运。再，海关缉私和国防保卫工作，原是完全不同的两种任务，但他们利用缉私的名义，在有些地方竟将警卫国境海岸的国防保卫工作也由海关掌握起来。

由于中国人民大革命的伟大胜利，结束了以上各种不平等与不自主的状态，收回了中国在关税政策方面的独立主权及管理海关事业的自主权。

中央人民政府政务院认为：在目前条件下，国家海关工作与国家对外贸易工作上所进行的监督与某种管制，在恢复与发展我国人民经济中，应起重要的作用。海关税则，必需保护国家生产，必需保护国内生产品与外国商品的竞争。

中央人民政府海关总署，必须是统一集中的和独立自主的国家机关，海关总署负责对各种货物及货币的输入输出执行实际的监督管理，征收关税，与走私进行斗争，以此来保护我国不受资本主义国家的经济侵略。

所有和海关无直接关系的职务，如：管理港口、疏浚河道、建筑助航设备、巡卫国境海岸等工作，均应由海关移交给其他有关机关。

为了实现上述关税政策及组织海关工作的任务，政务院特作如下决定：

一、批准“中央人民政府海关总署试行组织条例”。

二、解除下列各项与海关无关的职务：

（1）关于管理海港河道、灯塔浮标、气象报导等助航设备的职务，连同其工作人员、物资、器材全部移交中央人民政府交通部或市的港务局。

（2）巡卫国境海岸的职务及武装舰艇，全部移交中央人民政府公安部，但为了便于海关执行职务及在口岸上进行缉私工作所必需的一些小型船艇在外。

责成海关总署与交通部、公安部共同商讨移交上述工作及其人员、物资的办法和日期。

三、准许海关总署在新海关税则未规定施行前，在输入货物方面暂用1948年的进口税则，在输出货物方面暂用1934年的出口税则（1945年修正本），但某些方面须经过中央人民政府政务院的订正。

四、必须制定中华人民共和国输入输出货物的新海关税则，为了制定新的海关税则，决定在中央人民政府政务院财政经济委员会下组织一个专门委员会，由政务院财政经济委员会派代表一人任委员会主任，中央人民政府贸易部、财政部、重工业部、燃料工业部、纺织工业部、轻工业部、铁道部、农业部、交通部、食品工业部、邮电部及海关总署各派代表一人组成之，并委托政务院财政经济委员会批准该委员会的人员编制。

为了工作进行顺利起见，给该委员会主任以权力，得由参加委员会其他各部抽调专家，参加制定海关税则的工作。规定该委员会必需在1950年8月1日以前完成上述工作。

五、于制定海关税则时，专门委员会得按下列各项基本原则，进行工作。

（1）在国内能大量生产的或者暂时还不能大量生产但将来有发展可能的工业品及半制品，于进口同样的这些商品时，海关税率应规定高于该项商品的成本与我国同样货品的成本间之差额，以保护国家民族生产。

（2）对于一切奢侈品和非必需品，订征更高的税率。

（3）在国内生产很少或者不能生产的生产设备器材、工业原料、农业机械、粮食种籽及肥料等，其税率要低或免征关税。

（4）凡一切必需的科学图书与防治农业病虫害等物品，以及若干国内不能生产的或国内药品所不能代替的药品的输入，免征或减征关税。

（5）海关税则对进口货物有两种税率：对于凡与中华人民共和国有贸易条约或协定的国家，应该规定一般的正常的税率；对于凡与中华人民共和国没有贸易条约或协定关系的国家，要规定比一般较高的税率。

（6）为了发展我国的出口货物的生产，对于经由中央人民政府所奖励的一切半制品及加工原料的输出，只订很低的税率或免税输出。

六、必需制定中华人民共和国的海关法规，确定海关的组织、权限与职责等，特决定由中央人民政府海关总署于1950年7月1日以前将海关法规草案，提请中央人民政府政务院审核。

8. 工商业税暂行条例

（1950年1月27日政务院第十七次政务会议通过
同年1月31日公布
1950年12月15日政务院第六十三次政务会议修正
同年12月19日公布）

第一章　总　则

第一条　凡在本国境内之工商营利事业，不分公营、私营、公私合营或合作事业，除另行规定者外，均依本条例之规定，于营业行为所在地交纳工商业税。

第二条　工商业依经营方式，分为固定工商业、临时商业及摊贩业。

第三条　固定工商业应纳之工商业税，分为依营业额计算部分（以下简称营业税）及依所得额计算部分（以下简称所得税）。

第四条　临时商业税及摊贩业税之稽征办法，另由中央人民政府财政部制定之。

第五条　公营企业应纳之工商业税，其营业额部分，就地交纳营业税；所得额部分，另定办法，提取利润，不交纳所得税。

第六条　公私合营之工商业，按一般工商业纳税。

第七条　合作事业应纳之工商业税，其合于合作社法之规定者，得酌予减免。

合作社之纳税办法另定之。

第八条　下列各款免纳工商业税：

一、国家专卖、专制事业；

二、贫苦艺匠及家庭副业；

三、其他经中央人民政府财政部批准者。

第二章　税　率

第九条　工商业税依下列税率计算：

一、营业税分业计算：

甲、依营业总收入额计算者，税率百分之一至百分之三；

乙、依营业总收益额计算者，税率百分之一点五至百分之六；

丙、依佣金收益额计算者，税率百分之六至百分之十五。

附营业税分业税率表。

二、所得税按所得额全额累进计算，税率百分之五至百分之三十。

附所得税分级税率表。

第十条　依前条第二款税率计算之所得税额，得根据国家经济建设需要，分别行业，减税百分之十至百分之四十，以资奖励。

附所得税减税行业范围表。

第十一条　工商业同一营业单位，不能适用一种营业税税率者，依下列方法计征：

一、兼营两种以上之行业，分别按其不同税率计征，不易分别者，按较高税率计征。

二、工商性质不易划分者，依商业税率计征。

三、连续生产之工业，数种产品税率不同者，按较低税率计征。

第三章　报告与调查

第十二条　工商业于开业、转业、歇业二十日前，除依规定向工商管理机关申报登记，领取或缴销营业许可证外，并应以副本送税务机关备查。

第十三条　工商业应依规定期限，分别将营业额及所得额，填具报告表，并检附必要表单，送税务机关查核。

第十四条　工商业须设置日记账及总账两种主要账簿，并应于营业行为发生时，取得或开给凭证。

第十五条 税务机关为了解工商业经营及负担情况，得进行定期普查及临时调查，工商业户应据实报告，不得隐瞒或拒绝。

第十六条 税务机关派出执行职务之人员，应出示机关证件；其无证件者，工商业户得拒绝提供账据，并报告税务机关查究。

第四章 计算与纳税

第十七条 营业额之计算，规定如下：

一、营业总收入额，按销货总额减除销货折让及销货退回后之销货净额计算。

二、营业总收益额，按报酬金、手续费、汇费、利息、保险费及其他收益额计算，不得减除任何成本及费用；但保险业之分出保费，应自保险费总额内减除之。

三、佣金收益额，按其全额计算，不得减除任何成本及费用。

第十八条 所得额，按每营业年度或实际经营期间之收入总额，减除成本、费用及损失后之余额计算。

第十九条 工商业应于计算其应纳税额后，再行分红。

第二十条 工商业税之计征，得由各地税务机关，斟酌实际情形，采用下列方法：

一、会计制度健全，经税务机关审定，认为可资征税确据者，得采用自报查账、依率计征方法，按其营业额及所得额分别计征。

二、不合前款标准者，得采用自报公议、民主评定方法，结合调查资料，依率计征。

三、较小业户，得于民主评议之基础上，采用定期定额方法计征。

第二十一条 营业税得按月或按季交纳，按季交纳者，应于四、七、十、一各月交清。所得税于每年第二季度终了估征一次，年终结账后，汇算清交；清交期限，不得迟于下年度三月。

第二十二条 工商业因改组、合并、解散、转让、倒闭而歇业或宣告清理时，应于规定限期内报交营业期间之营业税及所得税。

第二十三条 本条例第二十条第二款工商业税之评议，应组织民主评议委员会，负责进行。

民主评议委员会组织通则另定之。

第五章　罚　则

第二十四条　凡违反本条例第十二、第十三、第十四、第十五、第二十二各条之规定者，得处以一百万元以下之罚金。

第二十五条　匿报营业额及所得额者，除追缴其应纳税款外，并处以所漏税额一倍至十倍之罚金。伪造证据或抗不交税，情节重大者，送人民法院处理。

第二十六条　前两条违章违法行为，任何人均得举发；经查实处理后，得以罚金的20%至30%，奖给举发人。

第二十七条　不按期缴纳税款者，除限日追缴外，并按日处以应纳税额百分之一的滞纳金；必要时，得由中央人民政府财政部以命令增减之。

第六章　附　则

第二十八条　本条例之施行细则，由中央人民政府财政部另定之。

第二十九条　本条例自公布之日施行。

附表一

营业税分业税率表

甲、按营业总收入额计算征收者：		
（一）工业部分		
业　　别	**包括范围**	**税率**
（1）矿冶业	铜铁、非铁金属、天然煤气、石油、煤矿、炼焦、硝磺、石墨、石绵、云母、矾矿及其他矿产品之采掘冶炼。	1%

续表

（2）机器制造业	动力机、工作母机、农业机及其他轻重工业专用机器。	1%
（3）翻砂工业		1%
（4）液体燃料工业	石油炼制、石油代用品炼制。	1%
（5）化学工业	化工原料（硫酸、硝酸、盐酸、碱、甘油及其他重要化工原料）。	1%
	肥田粉、杀虫剂。	
	漂白粉、颜料、染料、化学漆。	1.5%
	胶木、电木、塑胶、赛璐璐用品、炸药、火药、消防弹及其他一般化学制品。	2%
（6）化工及医疗器械制造业	烧管、烧杯、烧瓶、比重表、耐高温坩锅、工业用温度表及其他重要化工仪器用品。	1%
	医疗器械。	
（7）科学仪器制造业		1%
（8）交通工具制造业	火车、汽车、电车、轮船、机帆船及其他机动交通工具。	1%
	人力车、畜力车、木船。	
（9）电工器材制造业	发电机、电动机、变压器、电话机、电报机、电讯器材、电线、电表（水表）。	1%
	电瓶、干电池、电珠、电灯泡、霓虹灯、电扇及其他电工器材。	2%
（10）森林采伐锯木业	森林采伐。	1%
	锯木。	2%
（11）轮船渔捞业		1%
（12）粮食工业	机制、半机制面粉。	1%
	机器碾米、一般磨坊（包括粉坊、磨坊）。	1.5%
（13）榨油业		1.5%

续表

（14）纺织工业	棉纺织、毛纺织、绒纺织、麻纺织（包括麻袋）、缫丝、丝织、人造丝织。	1%
	针织业（包括毛衣、毛袜、丝袜、线袜、背心、汗衫织造）。	2%
	内衣、床单、线毯、毛巾、手帕制造。	
（15）染整业		1.5%
（16）耐火砖工业		1.5%
（17）水泥制造业		1.5%
（18）五金制造业	工业用品零件，交通器材零件，各种金属针、钉、丝、管、条、片、罐制压、铅、铁丝编结用品，铜、铁、铝、锡用具器皿，钢窗、铜丝罗底、计算机、打字机、缝纫机、钢缯、五金制作。	1.5%
（19）农具制造业	水车、犁、铧、锹、镐、锄、镰及新式改良农具。	1%
（20）手工工具制造业		1.5%
（21）印刷出版工业	彩印、石印、铅印、胶版、铅版、铜版、锌版、珂罗版、铅字、铜模及一般印刷器材。	1%
	书报出版。	
（22）炼气工业	氢、氧、氮及其他气体。	1.5%
（23）橡胶用品制造业	汽车胎、工业用橡胶制品。	2%
	自行车胎、轮带、水龙带及普通用橡胶制品。	
（24）火柴制造业		1.5%
（25）造纸工业		1.5%
（26）玻璃制造业	平面玻璃。	1.5%
（27）新药制造业	化学医疗药品。	1.5%

续表

（28）出口货物制造业	出口茶叶、猪鬃、马尾、肠衣、皮衣、羽毛整理。	1.5%
	打蛋、出口植物油提炼、地毯、花边、抽绣及其他特种出口工艺制品。	
（29）影片拍制业		1.5%
（30）制糖工业	红糖、白糖、砂糖、冰糖、糖精。	2%
（31）饲养业	牛、羊奶场、畜牧场，非家庭副业之蜂场，鸡、鸭、鱼场。	2%
（32）普通用品制造业	服装、鞋帽、毛毡、织带（各种织带及丝织商标），旗帜。	2%
	牙粉、牙膏、牙刷、皮鞋油、香皂、肥皂、蜡烛、蜡油、钮扣、鞋眼。	
	搪瓷、陶器、瓷器、玻璃制品。	
	汽灯、油灯、桅灯、保险灯、电石灯及配件。	
	自来水笔、体育用品、油墨、晒图纸、各种文具。	
	各种卫生用品及器皿、蚊香、热水瓶、冰箱。	
	伞、扇、雨衣、油布、漆布。	
	面粉袋、纸盒。	
	制革（熟皮、硝皮）、皮件。	
	粘板、石粉、砖瓦、石灰、油毛毡、石作。	
	度量衡器具、木作、木器。	
	珐琅制品、证章、钢模。	
	油漆、涂料、胶料。	
	唱片、唱机、钟表、眼镜及器材。中、西乐器。	
（33）营造业	承包全部工料之营造建筑工程。	2.5%

续表

（34）饮食品制造业	罐头、面包、饼干、糖果、饴糖食品。	2.5%
	冷饮食品、咖啡、制茶。	
	咖喱粉、乳制品、调味品。	
	水产制品、机制冰。	
（35）化妆品制造业	化妆品、香料。	3%
（36）烟类制造业	卷烟、雪茄烟、薰烟叶、斗烟丝、普通烟丝。	3%
（37）酿酒业	各种酒及酒精。	3%
（38）鞭炮、寿衣及迷信品制造业	鞭炮。	3%
	寿衣。	
	香、烛、锡箔、迷信用纸、神器、冥器。	
（二）商业部分		
业别	包括范围	税率
（39）进出口业		1.5%
（40）燃料业	天然煤气。	2%
	液体燃料。	
	煤、炭、柴。	
（41）矿产品业		2%
（42）五金制品业	机器。	2%
	铜、铁、锡、铝、器皿用具，五金器材及制品，五金零件，钢条、原铁、缝衣用品、刀剪、理发用具、炉、灶、炊具、油桶。	2.5%
	保险箱、冰箱、钢丝床、赛银器。	3%
（43）农具业		2%
（44）肥料业	油饼、豆饼、花生饼、普通肥料，皮、毛、油骨及牛下脚。	2%

续表

（45）化工原料器械业	化工原料、化工器械、肥田粉、杀虫剂。	2%
（46）药品及医疗器械业	新药、国药（药材及制品）。	2%
	医疗器械。	
	医院、诊疗所、兽医院及镶牙、补眼、装肢等业之药品、材料部分。	
（47）橡胶制品业	车胎、轮带、水龙带、工业用橡胶制品。	2.5%
	普通用橡胶制品。	3%
（48）书报业	书报社、书店、征信所。	2%
（49）纸张文具业	纸张、文具、体育用品、科学仪器、计算机、打字机、簿册装订。	2%
（50）交通工具业	车、船。	2.5%
	车、船用品。	3%
（51）电工器材业	发电机、电动机及其器材。	2%
	电料、电工器械及其他电工器材。	2.5%
（52）建筑器材业	竹、木、水泥、石灰、砖瓦、石料、沥青、油毛毡。	2.5%
（53）米面粮业		2%
（54）饮食业	食盐、食油。	2%
	蔬菜及腌制。	2.5%
	鸡、鸭、鱼、肉、屠宰业。	3%
	中西餐、糕点食品、酒、冷饮、咖啡、牛奶、茶业、茶楼。	
	饮食杂货业。	
（55）干鲜杂货业	南北杂货、海味、山货、土产、参燕、银耳、腌腊、火腿、糖、糖果，干、鲜果品，罐头。	3%
（56）花纱布业		2%

续表

（57）服装鞋帽业		3%
（58）丝麻毛织品业	绸缎、呢绒、毛绒、绒线、生丝、丝绵、丝线、人造丝、麻纱、苎麻、麻袋、绳索、地毯、毛毡。	3%
（59）皮毛业	皮革及制品，牛、羊皮、毛，细毛皮货。	3%
（60）百货业		3%
（61）化学制品业	颜料、染料、漂白粉、塑胶用品、赛璐璐用品，胶木、消防弹及其他一般化学制品。	3%
（62）油漆涂料业	油、漆、涂料、胶料、石粉。	3%
（63）玻璃瓷器业	玻璃及玻璃器皿，热水瓶、搪瓷、陶瓷、料器。	3%
（64）竹木制品业	软木、风箱、中西式木器，藤、柳、竹、草器，草制地毯、沙发、棕绷、板箱，竹、草席，蒲包、度量衡器、棺材。	3%
（65）伞扇业		3%
（66）裱画镌刻业	染纸、裱画、纸张裱坯、书画、笺扇、镌刻、刻字。	3%
（67）照像业	照像、照像器材用具、画像。	3%
（68）钟表眼镜业		3%
（69）娱乐物品业	唱片、唱机，中、西乐器，戏装、道具、鱼鸟、花树、鲜花、玩具。	3%
	古玩、珠宝、集邮、集币。	
（70）装饰品业	金、银首饰，丝、绒、纸花及其他装饰品。	3%
（71）工艺品业	工艺品模型、塑像、图案、打花样、花边、刺绣。	3%
	牙骨器、图章、珐琅制品、雕刻木器、漆器。	

续表

（72）卷烟火柴皂烛业	卷烟、雪茄烟、烟丝、烟叶。	3%
	烟具（烟嘴、烟斗、烟锅、水烟袋、烟盒、自来火）。	
	卷烟材料。	
	皂、烛、火柴。	
（73）房地产业	经营房地产买卖。	3%
（74）鞭炮寿衣及迷信品业	鞭炮。 寿衣。 香、烛、锡箔、迷信用纸、神器、冥器。	3%
（75）其他杂货用品业		3%
乙、按营业总收益额计算征收者：		
业别	包括范围	税率
（76）公用事业	自来水。	1.5%
	电业、煤气、电话。	
	电车、公共汽车、轮渡、缆车。	
（77）交通运输业	铁路、邮政、电信、航空。	1.5%
	轮船、驳船、木船、汽车，人力、畜力车运输。	2%
	装卸。	
（78）医疗业	医院、诊疗所、兽医院及镶牙、补眼、装肢等业之诊疗收益部分。	2%
（79）修理业	修理机器业（包括轻、重工业所用之机器及机动交通工具之修理，如修理火车、汽车、轮船）。	2%
	喷漆、烘漆、电镀、电焊、气焊。	
	普通修理业。	3%

续表

（80）打字业	代客打字。	2%
（81）缝纫业	缝纫手工。	2%
（82）浴室理发业		2.5%
（83）洗染织补业	洗染及织补旧料、衣帽。	2.5%
（84）堆栈业	堆栈，猪、羊畜栈，仓库。	3%
（85）包作业	打包。	3%
	水木包作、冷作。	
	水电、水管、下水道工程。	
	石料、桥梁、涵洞、土方、凿井工程。	
	装潢、油漆工程。	
（86）打捞业		3%
（87）银钱业	银行、信托、钱庄、银号。	4%
（88）保险业		4%
（89）旅店业	旅行服务社、旅馆、公寓、客店、大车店。	4%
（90）广告业	广告社、商营广播电台及其他广告事业。	4%
（91）租赁业	机器、车船、生财器具、保险箱、汽灯、霓虹灯、影片、译意风及麦克风出租。	4%
	冷藏库及冷藏设备租赁。	
	图书出租。	
（92）文化娱乐体育运动业	溜冰场、游泳场、运动场、划艇。	2%
	电影院、戏剧院、书场、游艺场。	4%
	舞场、弹子房、跑马场、游船。	5%

续表

（93）报关转运业		5%
（94）喜庆殡葬服务业	集团结婚社、公墓、火葬场。	4%
	礼堂、花轿、殡仪馆、棚彩租作、乐队、杠铺及其他婚丧用品租赁。	5%
（95）银楼业		5%
（96）典当业		5%
（97）介绍服务业		5%
（98）物产交易所		6%
丙、按佣金收益额计算征收者：		
业别	包括范围	税率
（99）代理购销业	特约及委托代购代销。	6%
（100）委托业	委托拍卖、量测。	8%
（101）证券交易所		10%
（102）房地产代理业	介绍代理房地产买卖或租赁。	12%
（103）证券行业		15%
（104）牙纪业	牙行业、经纪业及行栈。	15%
附表应用说明	一、本表未列入之行业或包括范围栏未列举者，应依其性质相近之行业比照计征，并报中央税务总局备查。 二、加工收益按各该本业税率计征，但不得低于1.5%。 三、有交易税之牙纪手续费部分，不征营业税，其他收益照征。	

附表二

所得税分级税率表

级数	所得额级距	税率
1	所得额未满300万元者	5%
2	所得额在300万元以上未满400万元者	6%
3	所得额在400万元以上未满500万元者	7%
4	所得额在500万元以上未满600万元者	8%
5	所得额在600万元以上未满700万元者	9%
6	所得额在700万元以上未满800万元者	10%
7	所得额在800万元以上未满900万元者	11%
8	所得额在900万元以上未满1000万元者	12%
9	所得额在1000万元以上未满1100万元者	13%
10	所得额在1100万元以上未满1200万元者	14%
11	所得额在1200万元以上未满1300万元者	15%
12	所得额在1300万元以上未满1400万元者	16%
13	所得额在1400万元以上未满1500万元者	17%
14	所得额在1500万元以上未满1700万元者	18%
15	所得额在1700万元以上未满2000万元者	19%
16	所得额在2000万元以上未满2500万元者	20%
17	所得额在2500万元以上未满3500万元者	22%
18	所得额在3500万元以上未满5000万元者	24%
19	所得额在5000万元以上未满7500万元者	26%
20	所得额在7500万元以上未满10000万元者	28%
21	所得额在10000万元以上者	30%

附表三

所得税减税行业范围表

减征率	类　别	项　别
40%	第一类机器制造业	动力机、重工作母机、农业机、纺纱机、造纸机。
	第一类矿冶业	钢铁、非铁金属、石油。
	电类	电力、电灯、电热。
	第一类交通工具制造业	火车、汽车、电车、轮船及其重要机械器材。
30%	第二类机器制造类	轻工作母机、面粉机、橡胶机、榨油机、织布机、染整机及其他各行业专用机器。
	第二类矿冶类	煤、矾、云母、石绵、石墨、炼焦。
	第一类化工制造业	硫酸、盐酸、硝酸、碱、氧气、肥田粉、石油代用品、比重表、耐高温坩锅、烧管、烧杯、烧瓶、工业用温度表及其他重要化学仪器用品。
	电工器材制造业	电话机、电报机、收音机、电线、电表、变压器、电灯泡。
20%	第二类化工制造业	染料、杀虫剂及其他重要化学用品。
	农具制造业	水车、犁、锌及新式改良农具。
	文教卫生用品制造业与书报出版业	显微镜、经纬仪、自来水笔、钟、表、计算机、电影机、影片拍制、照像机及照像器材、精细绘图仪器及工具、中西各种特效药品、专事出版大众图书之出版业及体育用品制造业。

续表

减征率	类　别	项　别
20%	出口货物制造业	地毯及地毯毛线，出口猪鬃、马尾及肠衣整理，出口植物油、打蛋业，特种工艺业。
	代替外来必需品制造业	特种纸张、电池、电瓶、玻璃、麻袋、水表、甘油、滑机油、自行车、各种胶、云母纸、汽车油磅垫。
	第一类运输业	轮船、汽车运输业。
15%	印刷器材制造业	印石胶、锌版、铅版、铜版、珂罗版、铅字模、铸字、打字机、蜡纸、晒图纸、誊写版及特制印墨。
	橡胶皮革制造业	汽车胎、自行车胎、轮带、水龙带、轮带用革。
	建筑器材制造业	水泥、砖瓦、涵洞、石灰、石绵品、建筑木材。
10%	第二类交通工具制造业	人力车、畜力车、木船。
	手工工具制造业	弹花弓、轧花机、缫丝机及其他重要手工业工具。
	修理机器业	修理各种机器及电镀、电焊业，电工业。
	普通必需品制造业	棉纱、布织染，机制面粉、瓷器、搪瓷、陶器、玻璃器皿、铜盆、铁锅、铝锅、铝盆、火柴、纽扣、粘版、度量衡器、铜丝罗底、五金、线、针、钉、中西药品、植物油、皮革纸张、文具墨水、印刷业。
	医疗业	医院、诊疗所及其附设之药房部分。
	第二类运输业	畜力车运输业、木船运输业。
	饲养业	牛、羊奶场，畜牧场，乳制品制造业。

9.工商业税民主评议委员会组织通则

（1950年12月15日政务院第六十三次政务会议通过
1950年12月19日公布）

第一条 本通则依据工商业税暂行条例第二十三条之规定制定之。

第二条 各城市以民主评议方法征收工商业税者，均须依本通则组织工商业税民主评议委员会（以下简称民评会）。

第三条 民评会之任务如下：

一、传达人民政府税收政策、法令；

二、督促工商业户自报营业额及所得额，检举假账、揭发虚报；

三、评定工商业户营业额及所得额，提交税务机关依率核计税额；

四、受理对民评有异议之申请；重评各行业不公之评议；

五、协助税务机关，督促工商业户完成纳税义务。

第四条 民评会之组织，分下列三级：

一、市（县）联合民主评议委员会（以下简称联评会）。

二、分业民主评议委员会（以下简称分评会）。

三、民主评议小组。

户数多的行业，得在分评会下酌设该业的分区评议会。

第五条 联评会受当地人民政府领导，办理各行业之工商业税联评事宜，委员人数由人民政府按工商行业及户数之多少酌定，其组成如下：

一、当然委员——税务机关、工商管理机关及工商业联合会之代表。

二、推选委员——各行业推选之代表。

三、聘请委员——当地人民政府聘请之工商界公正人士。

联评会设主任一人，副主任一至二人，由当地人民政府就联评会委员中指定之。设常务委员若干人，由全体委员中推选之，必要时联评会得分组办事。

第六条　分评会受联评会之领导，办理各该行业之工商业税分评事宜。其组成如下：

一、分评会之委员人数由联评会酌定之。除税务机关代表、同业公会代表及该业参加联评会之委员为当然委员外，余由该业就大、中、小业户，自下而上，民主推选之。并报联评会备查。

二、分评会设主任一人，副主任一人至二人，由联评会指定之。

分区评议会之组成，适用前两款规定。

第七条　评议小组，受分评会领导，直接办理本组业户之工商业税评议。每组设正副组长各一人，由本组业户推选之，并报分评会核准。

第八条　联评会或分评会开会时，得邀请有关之工会及其他团体指派代表参加。

第九条　联评委员、分评委员或小组长，如有徇私舞弊，办事不公者，任何人均得举发，经查属实后，撤销其委员或小组长职务，另行改选之。

第十条　民评会对于无法评定之工商业户，得提请税务机关径行核定税额，通知纳税义务人交纳。

第十一条　工商业户，对评定或核定之应纳税额有异议时，得向民评会及税务机关申请再议，经再议不服，得向上级税务机关申诉。

前项不服再议，在设有税务复议委员会之城市，可向复议委员会申请复议，该会得提出意见，送税务机关或民评会核办。申请人如仍不服，得仍向上级税务机关申诉。

第十二条　民评会在每次工商业税评议工作完成后，由当地人民政府宣布结束，如有继续存在之必要时，得延长之。

第十三条　各城市对定期定额征税之评议，得参用本通则之规定办理。

第十四条　本通则自公布之日施行。

10.利息所得税暂行条例

（1950年12月15日政务院第六十三次政务会议通过
1950年12月19日公布）

第一条 凡在本国境内有下列利息所得之一者，除另行规定者外，均依本条例交纳利息所得税：

一、存款之利息所得；

二、公债、公司债及其他证券之利息所得；

三、股东、职工对本业户垫款之利息所得。

第二条 利息所得税率为5%，按利息所得额比例计征。

第三条 利息所得税以利息所得者为纳税义务人，以支付或经付利息者为扣交义务人。

第四条 下列各款利息所得，免纳利息所得税：

一、教育、文化、公益、救济机关或团体之事业基金，其存款之利息所得，全部用于本事业者；

二、银钱业之放款，及其总分支机构或同业间往来款项之利息所得；

三、投资于企业之股息所得；

四、工农个人相互间借贷之利息所得；

五、每次利息所得不满五千元者。

前项第一款之利息所得，须由存款人事先将用途证明文件报经税务机关核准，交由扣交义务人保存备查。

第五条 扣交义务人应于每次结付利息时，依规定税率代扣应纳税款，每五日填写交款书解交金库一次，并将扣交报告表，送当地税务机关查核。

第六条 税务机关为查核扣交义务人是否依照规定扣交税款，得随时派员抽查账簿、凭证及免税证件，扣交义务人不得拒绝。

第七条 扣交义务人如有误交或多交税款者，可于交款后一个月内，申请退税；税务机关审查属实后，即予退还。

第八条 扣交义务人依照本条例之规定，完成其扣交义务者，可于每次解款时，按其扣交之税额，坐扣1%的手续费。

第九条 扣交义务人，如有故不扣交或扣交不实者，除追缴其应扣税款外，并处以应扣或少扣税额五倍以下之罚金。

第十条 扣交义务人不依第六条规定提供账簿、凭证者，得处三十万元以下之罚金。

第十一条 扣交义务人逾期未交税款者，除限日追缴外，并按日处以应交税额1%的滞纳金，必要时，得由中央人民政府财政部以命令增减之。

第十二条 本条例自公布之日施行。

11. 印花税暂行条例

（1950年12月15日政务院第六十三次政务会议通过
1950年12月19日公布）

第一章　总　则

第一条　凡在本国境内因商事、产权等行为所书立或使用之凭证，除另行规定者外，均依本条例交纳印花税。

第二条　印花税以凭证书立人、领受人或使用人为纳税义务人，依照本条例税率表之规定，在凭证上贴用印花税票（以下简称贴花）。

第三条　印花税票由中央人民政府财政部税务总局监制，发交各地税务机关销售；各地税务机关并得委托银行、邮局、合作社或工商业户代售。

第四条　下列各种凭证，免纳印花税：

一、农村土地改革后所发之土地证；

二、各种已贴花凭证之副本或抄本；

三、催索欠款或核对数目之抄单；

四、车、船、飞机之客票及行李票。

第二章　税　率

第五条　应贴花之凭证，依其性质，分别按金额比例贴花或按件定额贴花。比例贴花之税率，分为万分之一、万分之三及千分之三；定额贴花之税额，分为二百元、五百元、二千元及五千元。

第六条　前条应贴花之凭证，所载金额不满一万五千元者，一律免贴；但电影戏剧及各种娱乐票券，不在此限。按件定额贴花，所载金额未满十五万元者，一律贴花二百元。

第七条 应贴花之凭证及其适用之税率，依附表之规定。

第三章 纳 税

第八条 凡商事、产权等行为发生时，纳税义务人应分别按本条例第七条附表所列各目，书立凭证，于交付或使用前贴足印花。

为简化贴花手续，纳税义务人得申请当地税务机关核准按期汇交印花税款。

第九条 同一凭证须书立两份以上，由关系人各持一份者，每份均应贴足印花。

第十条 已失时效之凭证，经关系人约定继续使用，或以副本或抄本视同正本使用者，仍应另贴印花。

第十一条 同一凭证具有两种以上性质，税额相同者，按一种税额贴花；税额不同者，按较高之税额贴花。

第十二条 已贴花之凭证，因事实变更，经修改后继续使用者，其变更部分，如须加贴印花时，仍应补贴。

第十三条 应贴花之凭证，如所载金额非以人民币为本位者（如币制未统一前之东北、新疆），应按政府规定之比价，折合人民币贴花。如未载明金额，应按原列品名、数量，依当地市价估值贴花。

第十四条 本条例施行前所书立之凭证，如继续使用，而未贴或少贴印花者，应限期由负责贴花人补贴。如负责贴花人所在地不明时，得由凭证使用人或持有人补贴。

第十五条 粘贴后之每枚印花税票，均应于其与凭证纸面骑缝处，盖章或画押注销之。

已贴用之印花税票，不得揭下重用。

第四章 检 查

第十六条 印花税之检查，由各级税务机关执行，必要时，得请当地人民政府或公安机关协助之。税务机关派出之检查人员，执行职务时，须出示证明文件。

第十七条 印花税之检查，应在被检查者营业时间内，就其营业地点或税务机关指定之处所行之，被检查人不得拒绝。

第十八条 检查人员查获未依本条例规定贴花之凭证，应报送当地税务机关，不得擅自处理。

第五章 罚 则

第十九条 违反本条例第八条至十四条之规定者，按所漏税额，处以二十倍以下之罚金。

第二十条 违反本条例第十五条之规定者，重用部分处以三十倍以下之罚金，未注销部分，得处以十倍以下之罚金。

第二十一条 被处罚人不服税务机关之处罚，得于五日内提请复议，或向上级税务机关申诉。

第二十二条 拒绝检查，不接受处罚或伪造印花税票者，送人民法院处理。

第二十三条 人民法院审理案件时，发觉未依本条例规定贴花之凭证，除依本条例处罚外，并追令补纳印花税。

第二十四条 凡未依本条例之规定书立凭证或贴花者，任何人均得举发，经查实处理后，得以罚金20%至30%，奖给举发人。

第六章 附 则

第二十五条 本条例之施行细则，由中央人民政府财政部另定之。

第二十六条 本条例公布后，各地区有关印花税之单行办法，一律废止。

第二十七条 本条例自公布之日施行。

印花税税率税额表

目别	性　质	税率或税额	纳税义务人	说　　明
一、发货票	凡出售货物或以实物互换之交易随货开立品名、数量及价目之单据皆属之。	按货价每千元贴花三元。	立据人	1. 凡以送货单、销货单、发货短条、售货栈单及其他单据、簿折代替发货票使用者，均按本目贴花。 2. 以簿折取送货物者，应另开立发货票。
二、银钱收据	凡收到银钱所立之收据皆属之。	按金额每千元贴花三元。	立据人	1. 凡代收收据、临时收据、收款回执及其他代替正式银钱收据使用者，均按本目贴花。 2. 根据发货票所开立之货款收据，注明发货票日期、号码、品名、数量及价格者，或预收货款收据，注明定货凭证日期、号码、品名、数量及价格者，按第十七目货物收据贴花。 3. 银钱业存款收据及联行间纯属汇兑性质的托收款项之单据，按第十二目单据贴花。 4. 代客垫付款项所立之单据，按本目贴花；但附有原始凭证者，免贴。
三、账单	凡开列账目，交付顾客，凭以付款之单据皆属之。	按金额每千元贴花三元。	立据人	同一交易，同时开立银行钱收据，粘附于账单之后者，得任就其一种贴花；二者金额不同时，按较高者计贴。

续表

目别	性　质	税率或税额	纳税义务人	说　明
四、记载资本之账簿	凡记载资本之账簿皆属之。	按资本金额每千元贴花三元。	立据人	1.资本记载于营业簿折内，而未另立资本账者，其记载资本之营业簿折，按本目贴花。 2.总机构之资本账，已按资本总额贴足印花者，其分支机构之资本账，按第十五目营业簿折贴花。 3.如资本记载在总账内，其总账按资本账贴花。
五、债券	凡公司组织，经工商管理机关核准，发行记名、不记名之各种债券皆属之。	按票面金额每千元贴花三元。	立据人	
六、借贷抵押契据	凡信用借贷或以实物为抵押之借贷所立之契据皆属之。	按金额每千元贴花三元。 契据期限在2月以内者按1‰贴花。	立据人	1.本目所称契据，如贴现契约、透支契约、定期活期抵押放款借据、承兑汇票、同业拆款单据等是。 2.欠找他人银钱或货物所立之契据，按本目贴花。 3.银钱业同业拆款契据期限在三日以内者，依第十二目按件定额贴花。 4.各种主债务凭证已按本目贴花者，其从属债务凭证，按第十二目单据贴花。如未立主债务凭证，而以从属债务凭证代替者，仍按本目贴花。

续表

目别	性　质	税率或税额	纳税义务人	说　明
七、保险契据	凡保险业出给投保人之契约单据皆属之。	按金额每万元贴花一元。	立据人	1.本目所称契据，如一切长短期人寿、水火、运输及其他特种保险契据等是。 2.保费及赔款收据，按第二目银钱收据贴花。 3.暂保单已按本目贴花者，其正式保单注明暂保单号码、日期与金额者，按第八目临时股款收据贴花。
八、股票及投资契约	凡公司组织，经工商管理机关核准发行记名、不记名之股票及投资契约皆属之。	股票按件贴花二百元。 投资契约按件贴花二千元。	立据人	1.股单及在股票发行前所立之临时股款收据，按本目股票贴花。 2.合作社之股票免贴。
九、委托及承揽契据	凡委托他人经营、代理、管理某种事物，或承揽人与他方约定代为完成一定之工作所立之契据皆属之。	按金额每万元贴花三元。不能计算金额者，按件贴花五千元。	立据人	1.本目所称契据，如委托书、各种承包工程、承印出版及代表、加工契据等是。 2.承揽及加工收款收据，按第二目银钱收据贴花。
十、预定买卖契据	凡预定买卖动产、不动产载有品名、物价及买卖期限所立契据皆属之。	按金额每万元贴花三元。 不能载明买卖金额者，按件贴花五千元。	立据人	1.本目所称契据，如预约券、各种定单、定货契约等是。 2.代替发货票使用者，按第一目发货票贴花。

续表

目别	性　质	税率或税额	纳税义务人	说　　明
十一、居间行纪代客买卖契据	凡为他人介绍订约，或以自己名义代他人买卖动产、不动产，以收取佣金为目的者所立之契据皆属之。	按金额每万元贴花三元。	立据人	1.本目所称契据，如牙行、报关行、交易所、经纪人及其他行纪商，代客买卖所立之单据契约等是。 2.佣金收据按第二目银钱收据贴花。
十二、汇兑、储蓄及存入或支取款项之单据簿折	凡银钱业、储蓄机关，办理存款、汇兑业务，及支取汇款储蓄款所立之单据簿折皆属之。	单据按件贴花五百元。 簿折按件每年贴花二千元。 送金簿、支票本每本贴花二千元。	立据人	1.本目所称单据簿折，如银行汇票、汇单、汇款收据、汇款便条、存款收据、存款簿折、储蓄簿折等是。 2.调拨款项单据，按本目单据贴花。 3.汇费收据，按第二目银钱收据贴花。
十三、提取货物之单据簿折	凡工商业或个人凭以提取整修、运送或预购货物所立之单据簿折皆属之。	单据按件贴花五百元。 簿折按件贴花五千元	立据人	1.本目所称单据簿折，如修理钟表单、取像单、提货单、各种礼券及取货簿等是。 2.出售货物未立发货票，而以本目单据代用者，按第一目发货票贴花。
十四、寄存契约单据	凡信托、仓库、堆栈等业，接受他人寄存货物或文契等所立之契约、单据皆属之。	单据按件贴花五百元。 契约按件贴花二千元。	立据人	1.本目所称契约、单据，如栈单、仓单、各种保管凭单等是。 2.工商业所开之售货栈单，未开发货票者，按第一目发货票贴花。

续表

目别	性　质	税率或税额	纳税义务人	说　　明
十五、营业所用之簿折	凡工商业营业所用之簿折皆属之。	按件每本每年贴花五千元。内部所用单据装订成册，以代替账簿使用者，按件贴花五百元。	立据人	活页汇订之账簿按本目贴花。
十六、运送契约单据	凡运送契约、单据皆属之。	单据按件贴花五百元。契约按件贴花二千元。	立据人	1.本目所称契据，如送货单、托运单、运送契约等是。 2.运费收据，按第二目银钱收据贴花。 3.调拨货物单据，按本目贴花。
十七、货物收据	凡收到货物后所立之单据皆属之。	按件贴花五百元。	立据人	1.物物交换所立之收据，如未另立发货票者，按第一目发货票贴花。 2.以实物计算费用或价款时，其实物收据，按第二目银钱收据贴花。
十八、电影、戏剧及娱乐比赛票券	凡电影、戏剧及娱乐场所、比赛会等所售之入场、入座之票券、舞票、台票、译意风券等皆属之。	按金额每千元贴花三元。	立据人	公园门票、划船票、滑冰票免贴。

续表

目别	性　质	税率或税额	纳税义务人	说　　明
十九、国外书立之凭证	凡在国外书立之凭证，在国内使用者皆属之。	按件贴花五百元。	使用人	
二十、授产、析产契据	凡财产所有人分析财产，或将财产全部或一部，在生前或预定于身后授给继承人或赠与他人所立之契据皆属之。	按金额每千元贴花三元。	立据人（如立据人不及贴花时，应由承受人负责贴花。）	1.本目所称契据，如分单、分家书契、赠与书契及载有财产之遗嘱等是。 2.析产契据订立二份以上者，各按其所得财产价额贴花。
二十一、权利书状	凡政府发给之土地管业执照、土地所有权状及其他权利书状等皆属之。	按金额每万元贴花三元。	领受人	土地改革地区政府所发之土地证，依第四条第一款规定免贴。
二十二、典卖、转让、承顶财产契据	凡典当、质押、买卖、转让或承顶动产、不动产及有价证券所立之契据皆属之。	按金额每万元贴花三元。	立据人	
二十三、土地使用权之契据	凡取得他人土地之使用权，从事建筑、经营或其他使用所立之契据皆属之。	按金额每万元贴花三元。	立据人	

续表

目别	性　质	税率或税额	纳税义务人	说　　明
二十四、租赁契据	凡租赁动产，不动产所立之契据皆属之。	按金额每万元贴花三元。	出租人	1.本目所称契据，如租用车、船、码头、土地、房屋等动产、不动产所立之契据。 2.租金收据及以簿折收取租金者，均按第二目银钱收据贴花。
二十五、保证书据	凡对某种物品保证其规格、效能、年限所立之书据皆属之。	按件贴花五百元。	立据人	
备考	一、印花税额之尾数不满六元者不计，满六元者以十元计。 二、税率变更时，已照原定税率贴足印花者不补贴，其未贴足者，应按新税率补贴。			

12. 屠宰税暂行条例

（1950年12月15日政务院第六十三次政务会议通过
1950年12月19日发布）

第一条 凡屠宰猪、羊、牛等牲畜者，均依本条例之规定，交纳屠宰税。

第二条 自养、自宰、自食的牲畜，免纳屠宰税；如有出售者，其出售部分，仍应纳税。

第三条 耕畜、运输畜、种畜、乳畜、胎畜、幼畜，应予保护。各省（市）人民政府，得依据当地经济特点及人民生活习惯，自行订定保护及屠宰许可办法。

第四条 屠宰税按牲畜屠宰后的实际重量从价计征，税率为百分之十。不能按实际重量计征之地区，得规定各种牲畜的标准重量，从价计征。

第五条 屠宰税纳税肉价，由当地税务机关按日或按期调查公告之。

第六条 屠宰税由税务机关征收；距离税务机关较远之地区，得委托区、乡（村）人民政府或合作社代征，但不得采用包征办法。

前项代征机构，税务机关得在代征税款内，提给百分之三以下的手续费。

第七条 屠宰牲畜，须向税务机关或代征机构报验纳税，经检验发给完税证并于肉上加盖验戳后，始准出售；如认为有碍卫生者，应禁止出售，不予征税。

第八条 为保护公共卫生及便利稽征，一般城市应逐步设置屠宰场，其管理办法由当地税务机关会同工商管理及卫生机关拟订，报请同级人民政府核准实施。

第九条 凡专营或兼营屠宰业者，均应于开业前向工商管理机关及税务机关申请登记，歇业时并须办理撤销登记。

第十条 违章、违法行为之事项及其处罚如下：

一、不依规定申报登记者，处以三十万元以下之罚金；

二、私宰牲畜及私运、私售肉类者，除追缴应纳税款外，并处以应纳税额三倍以下之罚金；

三、伪造税证戳记或违禁宰杀，情节重大者，送人民法院处理。

第十一条 前条违章、违法行为，任何人均得举发，经查实处理后，得以罚金百分之二十至百分之三十，奖给举发人，并为举发人保守秘密。

第十二条 屠宰税稽征办法，由省（市）税务局依本条例拟订，报请同级人民政府核准实施，并层报中央人民政府财政部税务总局备案。

第十三条 各省（市）人民政府对于辖区少数民族的宗教节日屠宰牲畜之许可及免税，得以命令定之。

第十四条 本条例自公布之日施行。

13. 特种消费行为税暂行条例

（1951年1月16日政务院公布）

第一条 特种消费行为税，除另行规定者外，均依本条例征收之。

第二条 特种消费行为税从价计征，由消费者负担，以营业者为代征义务人。

第三条 特种消费行为税之税目、代征业别、税率及起征点规定如下：

税目	代征业别	税率	起征点	附注
电影戏剧及娱乐	电影院、戏剧院、杂技场、游艺场、书场、歌场、球房（弹子房）及其他供娱乐之营业。	10% ~ 30%		按票券价格计征。
	舞场	50%		按票券价格计征。
筵席	中西餐馆、茶馆、旅馆兼营之餐厅承办筵席之包厨及其他制备筵席供客食用之营业。	10% ~ 20%	人民币3万元	不计人数，按每次消费金额（包括菜肴、酒、饭、面、点）计征。日常包伙者不征。
冷食	冷食店、咖啡馆及其他兼售冷食之营业。	10% ~ 20%	人民币1万元	不计人数，按每次消费金额计征。
旅馆	旅馆、饭店及其他供客住宿之营业。	5% ~ 20%	人民币2万元	按旅馆每号房间之每日房金或宿费计征。

第四条　各省（市）人民政府应在前条规定税率范围内，按照当地实际情况，拟定适用税率，报请大行政区人民政府（军政委员会）核准实施，并转报中央人民政府财政部备案；中央直属省（市）报请中央人民政府财政部核准。

第五条　凡富有政治教育意义之影片或戏剧，经当地人民政府或其所指定之文教机关审查证明者，税务机关得准代征义务人按原定税率减半征收。

第六条　代征义务人之有关账簿、单据及票券等，须由税务机关编号盖印，以凭查核。

第七条　代征义务人于代征税款时，应填完税凭证交给纳税人，其代征税款应依当地税务机关之规定，按期汇交金库。电影、戏剧及娱乐业，由税务机关在所售票券上，加盖税局准予代征戳记，不另填发完税凭证。

第八条　代征义务人依照规定完成代征手续，并按期清交税款者，税务机关得由代征税款内提给1%的手续费。

第九条　代征义务人不按规定期限清交税款者，除限日追缴外，并按日处以应交税款1%的罚金。

第十条　代征义务人如有包庇短征、以多报少或侵吞税款等情事，除追缴偷漏之税款外，并处以所漏税额五倍以下的罚金。

第十一条　本条例第三条表列各业，应于开业、歇业、改业、迁移或转让前，向当地税务机关申报，违者处以人民币50万元以下的罚金。

第十二条　代征义务人如有违犯本条例第十条及第十一条情事，任何人均得举发，经查实处理后，得以罚金20%至30%奖给举发人，并为保守秘密。

第十三条　特种消费行为税稽征办法，由省（市）税务机关依本条例拟定，报请省（市）人民政府核准实施，并层报中央人民政府财政部税务总局备案。

第十四条　本条例公布后，各地有关特种消费行为税之单行办法一律废止。

第十五条　本条例自公布之日施行。

14. 中华人民共和国暂行海关法

（1951年3月23日政务院第七十七次政务会议通过
1951年4月18日政务院公布　自5月1日起施行）

第一篇　海关的组织、任务与职权

第一章　总　则

第一条　中华人民共和国一切海关机关及其业务，由中央人民政府海关总署统一管理之。

第二条　中华人民共和国海关，依据本法和中央人民政府对外贸易管制的法令和决定，对进出国境的货物、货币、金银、邮递物品、旅客行李、运输工具及其服务人员所带物品，执行实际的监管；稽征关税和其他法定由海关征收的税捐规费；查禁走私；办理其他海关业务。

第三条　海关为执行本法第二条所规定的任务，得行使下列各项权力：

（一）得查验进出国境的货物、货币、金银、邮递物品、旅客行李及运输工具上服务人员所带的物品；其违犯本法者，得扣留处理之。

（二）得搜查进出国境或有走私嫌疑的船舶、车辆、航空机或其他运输工具，其违犯本法者，得扣留处理之；遇有违抗命令逃逸者，得追捕之。

（三）遇有违犯本法的关系人或嫌疑人得查问之；必要时得搜查

其身体，情节重大者并得扣留移送人民法院讯办之。

（四）得搜查海关监管范围内所有仓库场所，并得会同公安机关或地方人民政府搜查其他有藏匿走私的货物、金银或外币等嫌疑的场所。

（五）得调查或抄录与进出口贸易有关的发票、价单、账单、簿册、函电及其他文件；其为违犯本法案件的关系人或嫌疑人所有、持有或保管者，得扣留之。

（六）行使以上各项权力，如遇暴力威胁、武装抵抗或运输工具违令逃逸时，得使用武器。

第四条　海关为行使本法第三条所规定的权力，必要时应由公安及有关军政机关协助强制执行。

第五条　海关应在其所在地港口、国界孔道、车站、国际航空站、国际邮包邮件交换局以及其他有关海关业务的场所，负责查禁走私；在上述地方以外的查私工作，由公安机关执行之，惟查获的案件，应通知或移送海关处理，或由海关委托公安机关处理，其具体办法由海关总署会同中央人民政府公安部、财政部订定之。

第六条　海关的船舶应悬挂关旗。

海关人员执行外勤职务时，应携带证件穿着制服，并得依工作需要佩带武器；使用武器的规则，由海关总署会同中央人民政府公安部订定之。

第二章　海关的组织与职权

第七条　海关总署为中华人民共和国的国家行政机关，受中央人民政府政务院的领导及政务院财政经济委员会的指导；并与中央人民政府贸易部保持密切联系。

第八条　海关总署设署长一人，领导全署工作，副署长若干人，协助署长执行职务，署长及副署长均由中央人民政府委员会任免之。

第九条　海关总署的职权如下：

（一）组织并管理全国海关机关及其业务。

（二）单独或会同中央人民政府有关部门，订定各种有关海关业务的条例规章，并颁发决议、指示和命令。

（三）规定关于执行政府法令及海关任务的计划方案。

（四）研究海关政策问题。

（五）参与拟定有关海关问题的国际条约和协定草案。

（六）参与制定海关税则；拟定修改税则税率的方案；解释海关税则；审理有关估价及税则应用问题的申诉。

（七）督导和检查各地海关对国家的政策、法律、法令、关务指示和规章的执行。

（八）审核各地海关对于走私及违章案件的处理情形，并审理上述案件当事人对海关所提出的申诉。

（九）编造全国海关的财政预决算，指导各关财务工作。

（十）在中央人民政府政务院所规定的限额内，核销各地海关税款及其他收入的呆账。

（十一）管理全国海关工作人员的遴选、配备、考绩、奖惩等工作，培养训练干部，提高其政治及业务水平。

（十二）编制对外贸易海关统计，指导全国海关统计工作。

（十三）管理保护一切关产。

第十条 海关总署的组织条例由中央人民政府委员会制定或批准之。

第十一条 下列地方得设立海关机关：

（一）中央人民政府决定开放对外贸易的港口；

（二）边境及主要国际联运火车站；

（三）陆路边境及国界江河上准许货物旅客进出的地点；

（四）得准上下客货的国际航空站；

（五）国际邮包邮件交换地点；

（六）经中央人民政府特许办理货物进出口手续的地方。

第十二条 中华人民共和国海关的地方机关规定如下：

（一）关；

（二）分关；

（三）支关。

第十三条 海关的地方机关的设立、变更或撤销，由海关总署会同中央人民政府贸易部、财政部、公安部及其他有关部门决定之。

第十四条 海关的地方机关的组织，由海关总署规定之。

第十五条 各关直隶于海关总署，由总署统一领导，与当地对外贸易管理机关保持密切的工作联系，并受其所在地大行政区人民政府的指导。

第十六条 各分关、支关的领导隶属关系，由海关总署规定之。

第十七条 关设关长，必要时得设副关长，均由海关总署署长报请中央人民政府政务院任免之。

分关设分关长，支关设支关长，必要时均得设副职，均由海关总署署长任免之。

第十八条 各关科长级人员的任免以及各关间一切人员的调遣，由海关总署决定之。

各关其他工作人员的任免，及其内部调配，由各关关长决定，并报海关总署审核备案。

第二篇 进出国境货运的监管

第三章 通 则

第十九条 进出国境的货物，应由海关依照本法验放之。

第二十条 进出国境的货物和运输工具，应经由设有海关机关的地方通过，并向关申报，由关监管之。与上项货物有关的码头、仓库、场所和其他运输工具均应受海关监管。

第二十一条 海关监管货物装卸的时间，由当地海关规定之，其装卸地点应会同有关交通机关规定之。

在规定地点或时间以外，或因其他特殊情况，须海关执行监管时，得按照海关总署规定办法征收规费。

第二十二条 海关在车站、邮局、航空站及其他场所执行职务时，各有关机关应予以协助并供给必需的办公处所。

第四章 海洋货运

第二十三条 国际航行以及转运驳运进出口客货的船舶，在设有海关机关的港口航行或停泊时，应受海关监管，并得由关派员搜查之。

第二十四条 国际航行船舶，应在设有海关机关的港口装卸往来外国客货，该项船舶种类的限制，由中央人民政府交通部会同海关总署规定之。

上项船舶不得擅自由外国直驶未设关港口，或由未设关港口直驶外国。

第二十五条 国际航行船舶自外国驶往内河设关港口，或自该港口驶往外国时，应向内河进出口地点附近海关申报，经关查验后，方得继续行驶。

上项船舶在内河行驶时，得由关封舱或押运。

第二十六条 国际航行船舶经理人对于所经理船舶及其所载货物，应依照本法规定向关负责。

第二十七条 国际航行船舶，应于进口后24小时以内，或在港口外停泊后48小时以内（星期日及海关放假日不计），由船长或其经理人向海关交验本法第二十八条所列的文件申报进口。

上项船舶，如于进口后24小时或停泊港口外四十八小时以内离港并未装卸任何客货者，毋庸向海关办理申报进口及结关手续，但应由船长于抵港后立即以书面向海关申报抵港理由，预期的停留时间及驶往地点。

第二十八条 国际航行船舶向海关申报进口时，船长应交验下列文件：

（一）船舶进口报告书；

（二）船舶进口载货清单；

（三）旅客清单；

（四）船员清单；

（五）船用物料清单；

（六）船上所存货币金银清单；

（七）航行签证簿（只限中国籍船舶）；

（八）海关所需的其他证件。

进口船舶国籍证书在未设有航务主管机关的港口，应送交海关查存，在设有航务主管机关的港口，应送交航务主管机关并取得收存证件送关查核。

海关认为必要时，并得调阅进口船舶的航海日志和其他有关航行记录等，船长应即交验。

第二十九条 船舶进口报告书，应载明下列事项，由船长及经理人签字证明：

（一）船名、国籍、种类、吨位、船长姓名及经理人名称；

（二）起航及经过港口；

（三）进口日期及时间；

（四）交验文件清表。

第三十条 船舶进口载货清单，应载明下列各项：

（一）船名、国籍、种类、吨位、进口日期及船长姓名；

（二）货物的标记、号码、件数、包装式样和货名；

（三）提货单号数；

（四）每批货物的重量或体积；

（五）货物装载的舱间和部位；

（六）受货人姓名；

（七）货物的起运港口及指运港口。

武器弹药、易燃及爆炸物品应在载货清单上注明。

上项清单，应由船长签字证明所填是实。其送关正本并应由经理人会同签证，副本应于船舶抵港值勤关员登船时，由船长立即送交该员查核。

第三十一条 国际航行船舶所带货物包件，应由船长负责列附进口载货清单内，船长船员一律不得私自携带任何货物包件。

第三十二条 国际航行船舶，如载有继续运往外国或国内其他港口的通运货物及包件者，应于进口载货清单内注明，并另行缮具通运载货清单送关备查。

第三十三条 国际航行船舶到达港口时，应由船长立即将船上所存应用物料饮食品及船长船员不起岸的自用应税物品等，依照海关规定格式，缮具船用物料及船长船员自用物品清单送关查核。

此项船用物料等，除经关许可，得提出一部分以备停留期间使用外，其余应存于储藏处所由关加封，俟该船离港后方得开启，倘在港内因故必须提用此项加封物料时，应报由海关开封提取。

第三十四条 国际航行船舶到达港口时，船上所存和船长船员所带的货币、金银，应依法由船长造具清单，集中保管，不得擅自携带上岸、使用或兑换。

第三十五条 中国籍国际航行船舶，于驶抵外国港口时，应将航务主管机关发给的航行签证簿，送交当地中国领事签注进出口情形，如无中国领事，应取得当地海关或港务机关足资证明的文件。于驶抵本国港口时，送由海关查核签注。

第三十六条 海关搜查船舶时，得通知船长开启任何客舱、货舱、煤舱、驾驶室、机器室、船员宿舍等；必要时并得通知船长开拆可能藏匿私货部分，船长应即予以协助。

第三十七条 国际航行船舶在海关监管时间内，除海关、检疫、公安、港务等机关执行公务的人员及经海关或公安机关许可者外，任何人均不得擅自上船。

第三十八条 国际航行船舶在港口内装卸货物区域，由海关、航务主管机关会同规定之。

第三十九条 国际航行船舶的指泊和移泊，应由航务主管机关征得海关同意后决定之。

第四十条 国际航行船舶装卸货物，上下旅客、行李及物品，应先报请海关核准，并在海关监视下为之。如海关认为该船有违犯关章妨碍监管情事时，得随时停止其装卸工作。

第四十一条 国际航行船舶所载进口货物，应直接卸入经海关注册或许可的仓库场所，或由经海关认可的驳船转运卸入该项仓库场所，转运时得由海关加封或押运。

上项货物应由保管仓库场所的经理人负责签收。

第四十二条 在运输途中或起卸时损坏的进口货物，应经关核准卸入指定地点，由船长或经理人于起卸完竣，立即造具清单，经货物保管人签证后送交值勤关员查核。

第四十三条 国际航行船舶卸货完毕，如发现有短卸误卸，应即由船长会同值勤关员在载货清单内签注实际起卸货物件数，于规定时间内由船长或经理人以书面报明不符详情，由关查核，必要时，得通知船长或经理人提供证明文件。

第四十四条 出口货物、包件及船用燃料、物料，应凭海关签印的装货单或准单装船。

第四十五条 经关放行而未装船的出口货物，应于船舶装货完竣，由船长或经理人立即造具退关货物报告书，送关查核。

第四十六条 出口船舶申请结关时，应由船长或经理人按照海关规定格式，填具出口载货清单及旅客清单送关查核。

出口载货清单，应按照货物指运地点及装货单号数顺序填列标记、号码、件数、货名、重量或体积，及发货人姓名等项，并由船长或经理人签证。

第四十七条 海关于收到前条所列文件及退关货物报告书，经查明该出口船舶对于应付税罚各款业已交清，或由经理人具结照交后，方得发给结关准单。

第四十八条 航务主管机关于收验海关结关准单后，方得准许该船出口，惟该船于结关后，如经发觉有走私或重大违章行为时，海关得通知航务主管机关禁止其出口，非经关同意，不得准许离港。

在未设有航务主管机关的港口，船舶出口应由海关核准，并将存关的国籍证书等件退还之。

第四十九条 国际航行船舶于办清结关手续后，如停留港内，以24小时为限（星期日及海关放假日不计），但不准装卸货物。因故停留逾24小时，或虽不过24小时而有装卸货物之必要者，应先报请海关核准。

第五十条 国际航行船舶，如遇灾难或其他不可抗力情事被迫驶入未设海关及航务主管机关的港口时，应由船长立即将经过详情缮具报告书一式二份，报送当地公安机关，由公安机关将一份转送附近海关备查，该船于驶入原因消灭时，应立即离港。

前项船舶如须补充燃料、淡水、食粮及修理船舶的材料或暂卸所载客货进行修理时，应报请公安机关核准派员监管。该船离港后，应由公安机关将经过详情通知附近海关备查。

前项暂卸的客货，仍应续运至设关港口或国外，非经海关特许，不得在当地进口。

第五十一条 国际航行船舶在海上遇险或沉没时抛置在岸上的货物，或由海上捞起的货物等，应由有关船长或持有人或保管人向附近海关申报，其处理办法由海关总署订定之。

第五十二条 在规定注册吨位以下，准许经营国际运输小型船舶的监管办法，由海关总署另定之。

上项船舶吨位的限制，由海关总署会同中央人民政府交通部规定之。

第五十三条 军队指定担任军事性任务及临时征用的船舶于装卸往来国外的普通客货时，船长应事先通知海关，由关派员监管。

第五十四条 往来国外的政府公务船舶，应与普通船舶同样向海关办理进出口手续，并受关监管。

第五十五条 国际航行船舶的进出口申报、检查、装卸等手续，由海关总署、中央人民政府交通部、公安部、卫生部会同规定之。

第五十六条 经营沿海运输的船舶，以中国籍为限。

第五十七条 沿海运输船舶，有封舱设备者，得经关核准，载运本法第九十七条所规定的转运货物，但非经核准不得驶入未设关的港口。

第五十八条 沿海运输船舶有下列情事之一者，应受海关监管，其办法由海关总署会同中央人民政府公安部、交通部订定之。

（一）载有本法第九十七条所规定的转运货物者。

（二）于航程中须驶经外国或其邻近地区者。

（三）来自或驶往邻近外国地区者。

第五十九条 沿海运输船舶，进出设关港口，海关认为必要时，得检查之。

第五章 进出国境铁路货运

第六十条 进出国境的列车，应在边境车站停车，以便海关执行检查监管职务，其停车及检查监管时间由海关总署会同中央人民政府铁道部规定之。

本法所称列车，包括机车、煤水车、客车、货车、行李车、邮政车等在内。

第六十一条 列车由外国抵达边境车站后，车站应将列车组成及所载货物和起票行李的必要单据，立即送交当地海关。

上项单据应包括海关执行职务所必需的项目在内。

第六十二条 进口货物应在边境车站完成海关手续；其经关免验及在车上易于查验的货物得免予卸车。进口货物指运国内设关车站者，得事先经海关许可，在边境车站海关监视下，尽可能装载于可以加封的车辆，于到达指运车站完成海关手续。

进口货物指运国内未设关的国际联运车站者，得事先申请海关许可，在指运车站起卸。其监管及完成海关手续办法，由海关总署会同中央人民政府铁道部、贸易部订定之。

第六十三条 进口货物卸车时，应由车站事先通知海关，并在海关监视下卸存于经关许可的仓库场所。所卸货物等如有单货不符之处，应于卸竣后，由铁路职员会同关员制成记录，分送海关及车站备查。

第六十四条 进入国境的车辆，于卸货完竣后，海关应立即签发车辆放行许可证件。

第六十五条 进出国境列车所带必需的车用物料和供应旅客职工在车上食用物品等，应受边境车站海关检查。其报验监管办法，由海关总署会同中央人民政府铁道部订定之。

第六十六条 海关对于进入国境的列车，得派员随车执行职务，铁路方面应予以协助。

第六十七条 开往外国的列车于驶离边境车站前，车站应将列车组成及所载货物和起票行李的必要单据，送交边境车站海关，经关放行后，方得驶离边境车站。

上项单据应包括海关执行职务所必需的项目在内。

第六十八条 出口货物应在国内设关车站或边境车站完成海关手续，方准装运，装车时应由车站事先通知海关，并在海关监视下为之。

出口货物得事先申请海关许可，在未设关的国际联运车站装运，其监管及完成海关手续办法，由海关总署会同中央人民政府铁道部、贸易部订定之。

在国内车站起运的出口货物，应尽可能装载于可以加封的车辆，由边境车站海关复核放行。

第六十九条 起票进口行李应于海关监视下在边境车站起卸，或由路方报经边境车站海关加封，负责运达指运国内设关车站，通知海关查验放行。

起票出口行李，如起运站设有海关机关，得由路方报经海关查验加封，负责运达边境车站，并通知海关查核放行；如起运站未设有海关机关，应在边境车站查验放行。

第七十条 载运进出口客货的列车和进出国境的各种列车的报关、装卸、检查、加封、交验单据和放行等手续，由海关总署会同中央人民政府铁道部、贸易部规定之。

第六章　进出国境公路和江河货运

第七十一条　在边境公路国界江河上往来的汽车船舶，和以人力或兽力运输货物，应一律遵循指定路线，在海关规定的地点进出国境。此项路线应由当地交通与公安机关会同海关规定之。

第七十二条　前条所指的进出国境货运除经关特许者外，应于日出后日没前为之。

第七十三条　进出国境汽车，应于入境后或离境前，在指定地点停留，向边境海关申报，按照海关规定格式填具进出口载货清单旅客清单送关查核，经关查验放行，方准驶离。

第七十四条　经交通机关准许进出国境并在国内继续行驶的汽车，于初次入境时，应向边境海关报验，交纳不低于进口税的保证金，并保证该车不得在国内转售拆卖。该项汽车于办竣保证手续领得海关登记簿后，方准内驶。

上项汽车嗣后进出国境时，应将登记簿送关查核。于最后驶离国境时，得申请将保证金发还。

第七十五条　原在国内行驶的汽车，经交通机关准许进出国境并在国内经营客货运输者，应于初次出境时，向边境海关领取登记簿，并保证于规定时期内驶回中国。嗣后进出国境时，应将登记簿送关查核。

第七十六条　汽车载运进口货物旅客行李，除经关许可者外，应一律于入境后立即向边境海关申报，办理验征手续；其不能立即办理进口手续者，应申请海关派员监视卸入经关注册或许可的仓库场所。

第七十七条　汽车载运出口货物旅客行李，应向边境海关申报，由关查验放行。

第七十八条　以人力兽力运输货物进出国境或在边界规定地区内移动者，应经由指定路线进出或移动，其进出国境者，并应向关申报。

第七十九条 在国境边界规定地区的居民进出国境经营肩挑负贩等小额贸易的管理办法，由中央人民政府贸易部会同海关总署、公安部审定之。

第八十条 沿国界江河往来的船舶，应在指定的河道行驶，于经营国际航行时，须向关申报并在设关地方装卸客货；其管理办法，由海关总署会同中央人民政府交通部、公安部订定之。

第七章 进出国境航空货运

第八十一条 进出国境的民用航空机，除经海关总署核准者外，应在设关的国际航空站降落或起飞。航空公司应于事先将降落起飞时间通知海关予以监管。

经海关总署核准在未设关的航空站降落或起飞的上项民用航空机，其监管办法由海关总署订定之。

本法所指的民用航空机，包括一切非军用的飞机飞船汽球及其他能飞航空中的工具在内。进出国境军用航空机装载普通客货时，应由当地航空司令员事先通知海关予以查验。

第八十二条 入境民用航空机在航空站降落后，应由机长或航空公司立即向关申报，将所载货物、旅客及其行李按照海关规定格式填具进口载货清单、旅客清单，交关查验。海关认为必要时，得调阅飞航国境证件、飞航日记簿、载重报告书和国籍登记证书等，机长应即交验。

第八十三条 入境民用航空机所载进口货物，应在海关监视下，卸存经关注册或许可的仓库场所。

第八十四条 出境民用航空机所载出口货物，应以经关放行者为限，并须在海关监视下装机。

第八十五条 出境民用航空机申请结关时，应由机长或航空公司将所载货物、旅客及其行李，按照海关规定格式，填具出口载货清单、旅客清单，经关查核，一切手续均已办竣，方准结关起飞。

第八十六条　入境民用航空机所载机用物料等，应由机长造具清单向关申报，受关监管。

出境民用航空机装添燃料、物料须经关核准。

第八十七条　入境民用航空机，载有指运国内其他国际航空站或国外的通运货物者，应由机长或航空公司将各指运地的进口载货清单或通运载货清单送关查核，海关得将该货加封，俟抵达指运地点或离开国境最末的国际航运站时，经关查明放行。

第八十八条　进出国境民用航空机，海关得搜查之，如遇特殊情况认为必须开拆机上可能藏匿私货的部分时，应通知机长或航空公司办理。

第八十九条　进出国境民用航空机，因特殊原因被迫在国境内降落者，应由机长或航空公司尽速将详情通知目的地或起飞地海关。如降落地设有海关机关，应报请核准后，方准起飞，倘降落地未设有海关机关，应取具当地航空站或人民政府证明书，证明并无装卸客货情事，送关备查。

上项航空机如不能继续飞行或须减轻载重时，其所遗货物应由机长报请当地航空站或人民政府代为保管，经关核准，方得转运。

第九十条　进出国境民用航空机因机件发生故障或其他特殊事故，在国境内抛掷货物时，应由机长或航空公司立即报明附近航空站转报目的地或起飞地海关。

第三篇　过境和转运货物的监管

第八章　过境货物

第九十一条　由外国起运，通过我国陆地，继续运往外国的货物，无论曾否在边境换装运输工具，皆为过境货物。

第九十二条　过境货物应凭中央人民政府贸易部核定的许可证件向我国边境海关申报，经关核准后，方得入境。

其来自与我国订有有关过境货物的商约或协定的国家者，得依商约或协定免办许可手续。

第九十三条 过境货物于入境报关时，货物所有人或承运人应依照规定格式填具过境货物清单，送关查核，并保证于规定期限内运输出境。

第九十四条 过境货物应遵循指定路线，由经关许可的运输工具运输之。此项运输工具，得由关加封，并得派员押运。

第九十五条 过境货物在边境换装运输工具，应报请海关核准，由关派员监视。其不能立即续运者，应卸入经关注册或许可的仓库场所。

第九十六条 过境货物运出国境外，应报经边境海关复核放行。

第九章 转运货物

第九十七条 未办海关进口手续的货物，在我国设关地方换装运输工具，运往另一设关地方或不通过我国陆地运往外国者；及已办出口手续的货物，运至我国另一设关地方换装运输工具转往外国者，为转运货物。

第九十八条 转运货物换装运输工具，应报请海关核准，由关派员监视，并得将运输工具加封。其不能立即转运者，应卸入经关注册或许可的仓库场所。

第九十九条 转运货物，应列入进出口载货清单内。

第一百条 外国货物，合于下列情形之一者，方准转运：

（一）持有通运或联运提货单者；

（二）在进口载货清单内注明转运者；

（三）持有普通提货单但于起卸前向关声明转运者；

（四）误卸进口货物，经运输工具经理人提供确实证件者；

（五）因特殊情由，申请转运经关核准者。

第一百零一条 转运的外国货物，自原装运输工具申报进口之日起，满28天尚未申报转运者，海关得按照本法第一百零五条规定征收滞报金；满三个月未转运者，得按照本法第一百二十九条规定处理。

第一百零二条 外国货物申报转运至国内设关地方时，应由承运人负责于规定限期内运至指定地点，不得有拆包、改装、私卸或顶替等情事，非经海关放行，不得交由受货人提取。

上项转运货物到达指运地点，自运输工具申报进口日起满3个月尚未报关纳税者，按照本法第一百二十九条规定处理。

第一百零三条 经过外国地方转运内销国货的监管办法，由海关总署会同中央人民政府贸易部订定之。

第四篇 进出口货物的报验、征税、保管和放行

第十章 货物的报关和查验

第一百零四条 进出口货物，应依法交验对外贸易管理机关的许可证件向海关申报。

第一百零五条 进口货物，应由受货人或其代理人，于运输工具申报进口后规定期限内，向关申报，逾期应交滞报金，其期限及办法由海关总署订定之。

第一百零六条 受货人或其代理人应照海关规定格式填具进口报单，向关申报，并交验下列证件：

（一）提货单据；

（二）发票及其副本；

（三）包装清单。

必要时应交验订货合同、厂家发票、产地购运地证明文件及其他证件。

进口报单和附交的发票、合同等，均应由受货人或其代理人签印证明无讹。

第一百零七条 出口货物在装入运输工具前，应由发货人或其代理人按照海关规定格式填具出口报单，向关申报，并交验装货或托运单据、发票、包装清单，必要时应交验订货合同、商品检验证

书及其他证件。出口报单和附交的发票、合同等，均应由发货人或其代理人签印证明无讹。

第一百零八条 进出口货物，应受海关查验，并得由关提验货样。验货时受（发）货人或其代理人应到场负责办理搬移、拆包、开箱等手续。经关核准者，得免验之。

第一百零九条 进出口货物，应在海关规定的时间场所查验。如受（发）货人或其代理人具有特殊理由，经关核准，得在规定时间地点以外查验货物，但应按照海关总署规定办法交纳规费。

第一百一十条 易腐货物及活牲畜的查验，经关核准，得不受前条规定时间地点的限制。

第一百一十一条 进口货物受货人或其代理人，应在海关规定期限内，到场办理查验手续，逾期以未报论。

第一百一十二条 进出口货物查验后，如海关认为必要，或受（发）货人或其代理人请求时，得予复验。

第十一章 关税的征免

第一百一十三条 进出口货物，应按照中央人民政府颁布的海关税则征收关税。

第一百一十四条 进出口货物，应按其报关日施行的税则税率征税。

进口货物到达前经关核准先行申报者，应按照运输工具申报进口日施行的税则税率征税。

第一百一十五条 从价完纳进口税的货物，应以到岸价格作为完税价格。所称到岸价格，系指货物在采购地的正常批发价格、出口税、运抵我国输入地点起卸前的包装费、运费、保险费、手续费等一切费用，经海关审查确定者。

如上述正常批发价格未能确定时，其完税价格由海关另行估定之。

第一百一十六条 从价完纳出口税的货物，应以离岸价格作为完税价格的计算根据。如离岸价格未能确定时，其完税价格由海关另行估定之。

第一百一十七条 进出口货物完税价格根据外币计算者，如无外汇牌价可考时，得由海关按照中国人民银行决定的汇率折合计算之。

第一百一十八条 进出口税的减免，除本法及税则规定者外，应根据中央人民政府政务院特定的进出口物品减免关税办法办理之。不属于前项范围以内的临时减免，须经海关总署审核决定。

第一百一十九条 进出口关税在海关总署所规定的最低征收额以下者免征。

第一百二十条 进口货物有下列情形之一，经海关查明属实者，得酌情减免其进口税：

（一）在国外运输途中或起卸时遭受损坏或损失者。

（二）在起卸后海关放行前，因不可抗力而遭受损坏或损失者。

（三）在海关查验时，业已破漏损坏或腐烂，经证明非因仓库管理人或货物关系人保管不慎所致者。

第一百二十一条 免费赠送的广告品及货样如无其他用途和贸易价值者，应予免税。

第一百二十二条 无代价抵偿货物的关税征免办法由海关总署订定之。

第一百二十三条 应征进口税的货样，暂时进口的工程器材、展览物品、剧团服装道具等，预定于六个月内复运出国者，得准予免税进口，但应交纳保证金，并保证在规定期限内复运出口。于复运出口时经关验明确系原货，应免征出口税并发还所交保证金。

本条所规定的六个月期限，得由海关根据具体情况，酌予延长。

暂时出口并定期复运返国的货样、工程器材、展览物品、剧团服装道具等运往国外时，得参照前项规定办理。

第一百二十四条 运入国内或运往国外修理，装配零件的机械器具等货物，在规定期限内运出或运返我国者，得参照本法第一百二十三条规定办理，但修理或装配零件的工料费，应予征税。

第一百二十五条 经营国际运输的工具，改营或兼营国内运输时，所存自用燃料物料的关税征免办法，由海关总署订定之。

第一百二十六条 驶往国外的运输工具所装途程应用燃料物料，服务人员和旅客所需饮食用品，应免征出口税。

上项燃料、物料、饮食物品的种类和数量，由海关参照有关主管机关规定的标准核定之。

第一百二十七条 出口国货，因故退回，由原发货人申报进口，并能提供出口时的一切证件，经关查验确系原货，得准予免税进口；但已征的出口税等，概不退还。

第一百二十八条 进口税应于海关规定期限内交纳，逾期不交，应征滞纳金，交纳期限及滞纳金征收办法，由海关总署会同中央人民政府财政部订定之。

第一百二十九条 进口货物，自运输工具申报进口之日起满三个月尚未报关或纳税者，应由海关提取变卖，所得价款除扣除出售货物费用外，按下列次序，抵付税捐等项费用：

（一）关税；

（二）海关征收的其他税捐；

（三）海关罚款，包括滞报金滞纳金；

（四）运杂费；

（五）仓库杂费。

倘有余款，在6个月期限内，经货物所有人申请，并经关查明无违反贸易管制情事，得予发还，逾期无人申请，即归入国库。

上项货物的抵押及其他纠葛，应由关系人自行解决。

第一百三十条 进口货物，经受货人或其代理人申请放弃经关核准后，得由海关提取变卖；所得价款除抵付前条所列的税捐罚款外，其余款应径解国库。

第一百三十一条 特准保税进口货物，得不受本法第一百二十九条规定日期的限制，此项货物种类及监管办法，由海关总署会同中央人民政府贸易部、财政部订定之。

第一百三十二条 海关征收关税和其他税捐、规费、罚款等，除中央人民政府政务院另有规定者外，均应按人民币计征。

第一百三十三条 海关征收关税和其他税捐、规费、罚款等，应制发收据；其格式由海关总署会同中央人民政府财政部规定之。

第一百三十四条 国营进出口公司交纳关税办法，得由海关总署会同中央人民政府财政部、贸易部另定之。

第一百三十五条 税则的解释、货物在税则上的归类和完税价格的审定，其权限属于海关。受（发）货人或其代理人有异议时，得自海关填发税款缴纳证的次日起十四天内，以书面向关提出申诉。

第一百三十六条 申诉案件未决定前，受（发）货人或其代理人得经关许可，交纳保证金，请将货物先予放行。该项保证金应不低于海关所核定的应纳税款和其他款项。

第一百三十七条 海关于接到申诉书后，应在海关总署规定期限内，将该案重行审核，并得变更原决定，如维持原决定时，应加具意见转报海关总署审理。

受（发）货人或其代理人对变更的决定仍不服时，应于接到变更决定通知之日起七日内，提出再申诉，由关转报海关总署审理。

海关总署的决定为最后决定。

第一百三十八条 有下列情形之一者得申请退税：

（一）进出口货物照章纳税后，奉令特准退税者。

（二）进出口货物因海关误征，多纳税款者。

（三）海关核准免验的进口货物，于全数完纳关税后，发现有短卸情事，经关查明认可者。

（四）进口货物在完税以后放行以前发现有本法第一百二十条情事者。

（五）已税放行的出口货物，因故未装运出口申报退关，经关查验属实者。

第一百三十九条 按照本法第一百三十八条规定申请退税者，应以书面声明情节，连同纳税收据送关核办。该项申请，自交纳税款之日起一年为限，逾期概不受理。

第一百四十条 用已税进口原料制成的特种外销商品，得于出口后退还其主要原料的进口税，此项货品种类及其退税办法由海关总署会同中央人民政府贸易部、财政部订定之。

第一百四十一条 进出口货物完税后，倘发现有短征税款情事，海关得于交纳税款之日起一年内向受（发）货人或其代理人追征之，但对于违章短交的税款，得于三年内追征之。

如遇拒绝补交，或于海关填发追征税款缴纳证之日起，满三个月尚未补交时，海关得依法律手续追征。

第一百四十二条 外国货物复出口，应按照国货出口手续办理。

第一百四十三条 海关验估征税工作应在规定期限内办竣，其期限由海关总署根据各地海关具体情况分别规定之。

第十二章 货物的保管和放行

第一百四十四条 进出口货物，应按照海关规定办法保存于经关注册或许可的仓库场所，其监管办法由海关总署征得中央人民政府有关部门同意后订定之。

上项仓库场所，应具有保管货物的安全便利条件，仓库并应具有起卸货物、过秤和验货等一切必需设备用具。

第一百四十五条 前条所指仓库场所的经理人，应遵守海关监管办法，并负下列责任：

（一）进出口货物应经关许可方得收存。

（二）易燃及爆炸物品应收存于指定的仓库场所。

（三）损坏货物应收存于仓库场所内指定地点。

（四）收存进口货物，应由经理人于收货完毕四十八小时以内（星期日及海关放假日不计），签具收货清单，交关查核。

（五）一切收存货物非经关放行，不得运出。

（六）进出口货物的收存和提取，应有详细记录，备关查核。

（七）货物在保管期内，如有短少情事，应负责交纳税款罚款，但包装完整而内装货物短少者，海关得酌情处理之。

（八）海关没收的货物及按照本法第一百二十九条及第一百六十四条规定提取的货物，应负责点交。

第一百四十六条 进口货物，于办清海关手续后，应凭海关签印的提货单或准单放行。

第一百四十七条 出口货物，于办清海关手续后，应凭海关签印的装货单或准单装运。

第一百四十八条 进出口应税货物，除经海关总署特许者外，应于交纳关税及其他由关代征的税捐或不低于上项税捐总额的保证金后，方得由关放行。

第一百四十九条 进口货物必须整件放行，如其中一部为禁止进口物品，或须办理特别许可手续者，得由海关暂扣另行处理；其余部分得予放行。

第五篇 国际邮递物品

第十三章 国际邮递物品的监管、报验、征税和放行

第一百五十条 国际邮递物品，应一律向海关申报、办理进出口手续。

本法所称国际邮递物品，系指邮包、小包邮件、货样和商业性印刷品。

第一百五十一条 国际邮袋的装卸和转运，应受海关监管，其办法由海关总署会同中央人民政府邮电部订定之。

第一百五十二条 邮局应将封发及开拆国际邮袋时间事先通知海关，海关得依时派员监管。国际邮递物品，应经关查验放行，邮局方得封发或投递。

第一百五十三条 邮局于开启装有进口包裹的邮袋后，应即将包裹清单交关查核，海关认为必要时，得向邮局调阅其他有关单据。

第一百五十四条 进出口信件或印刷品内，不得夹带物品、货

币、金银，邮局发现夹带或夹带嫌疑时，应送交海关处理，其处理办法由海关总署会同中央人民政府邮电部、中国人民银行订定之。

第一百五十五条 邮递物品自外国指寄我国设关地方，应由驻有关员的邮局通知收件人来局当关员之面拆启候验，但海关认为必要时，得径行通知邮局会同开验。

由设关地方寄往外国的邮递物品，应由寄件人持赴驻有关员的邮局，办理出口手续。

第一百五十六条 国际邮递物品经海关总署与中央人民政府邮电部双方商定，得由邮局代收件人或寄件人向海关办理进出口手续，凭海关掣给的税据代收税款。

第一百五十七条 进口邮递物品遇有下列情事时，得依照海关总署与中央人民政府邮电部、贸易部会同规定的办法处理之：

（一）须退还原地或改寄其他外国地方者。

（二）遭受残损者。

（三）经收件人或寄件人放弃者。

第一百五十八条 进口邮递物品不适用本法第一百零五、第一百二十八、第一百二十九及第一百三十各条的规定。

第四篇各章所规定的监管、报验、进出口许可手续，对国际邮递物品有不尽适用时，由海关总署会同中央人民政府邮电部、贸易部另行规定之。

第六篇 进出国境人员及其行李物品的放行

第十四章 进出国境人员及其行李物品的放行

第一百五十九条 进出国境旅客及其行李物品等，必须经由设有海关机关的地方通过。

陆路边境及国界江河地带居民进出国境携带物品的管理办法，由海关总署会同中央人民政府公安部订定之。

第一百六十条 进出国境旅客，应将其行李物品货币金银等，向海关报请查验依法放行。

第一百六十一条　进出国境旅客行李，应由其本人或代理人在海关规定时间和场所开启候验。必要时海关得径行开验。

第一百六十二条　进出国境旅客的行李物品，应以其本人自用或家用而非为出卖亦非代人携带者为限，其免办进出口许可手续及免税物品种类数量的限制，由海关总署会同中央人民政府贸易部、财政部规定之。

第一百六十三条　凡与旅客分离运输的行李物品，应由旅客于进出国境时向关登记，并在规定期限内报请验放，方得按照前条规定办理。

第一百六十四条　进口旅客行李，自运输工具申报进口之日起满六个月，尚无人报领者，应按照本法第一百二十九条的规定处理。

第一百六十五条　进口旅客行李，不适用本法第一百零五条及第一百二十八条的规定。

第一百六十六条　过境旅客所带行李物品，除途程必需应用者外，得报请海关加封，或于请准具保或交纳保证金后自行携带，于离境时向关办理验放手续。

暂时居留我国不满六个月的旅客所带应税物品，得参照上项规定办理。

第一百六十七条　过境或在我国短期居留不超过六个月的旅客，所带货币金银等的管理办法，由中国人民银行会同海关总署订定之。

第一百六十八条　进出国境运输工具上服务人员，不准携带货物或代人携带物品，其所带自用物品的验放办法由海关总署订定之。

第一百六十九条　归国华侨的行李物品优待办法，由海关总署会同中央人民政府贸易部、华侨事务委员会订定之。

第一百七十条　进出国境人民团体代表的行李物品优待办法，由海关总署会同中央人民政府外交部、贸易部订定之。

第一百七十一条　进出国境旅客携带的货币金银和其他应受管制的物品，应依照各有关管制规章办理。

第十五章　政府首长和外交人员的行李物品优待办法

第一百七十二条　中央人民政府部长级以上人员、驻外使领人员、参加国外会议的代表，因公进出国境，其行李物品验放办法，由海关总署会同中央人民政府外交部、人事部、贸易部、财政部订定之。

第一百七十三条　我国驻外使领馆和外交代表团公用物品进出国境，应予免验免税并免办进出口许可手续，但必要时海关得查验之。

第一百七十四条　外国派驻我国外交使领人员的行李和公用自用物品进出国境的征免验放优待办法，由海关总署会同中央人民政府外交部订定之。

第七篇　走私和违章案件及其处理

第十六章　走私行为及其罚则

第一百七十五条　有下列行为之一者，为走私行为：

（一）运输或携带货物、货币、金银及其他物品，不经过设关地方进出国境，或经过设关地方而逃避监管者。

（二）伪报进出国境货物的数量者。

（三）伪报货物的名称、规格，借以运输禁止或限制进出口货物者。

（四）邮递国际信件、印刷品夹带物品、货币、金银者。

（五）未经关许可，出售特许免税或减税进口及已完税而无权出售的货物者。

（六）将国外运入申报自用之物品出售牟利者。

（七）在国界边境规定地区，持有或保管外汇、金银、或超出自用数量的外国货物、或规定种类数量的国产货物而无合法证件者。

（八）沿海运输船舶在规定地区内，载有外国货物或超出规定种类数量的国产货物而无合法证件者。

（九）沿海运输船舶经过或来自邻近外国的地区，载有外国货物无合法证件者。

（十）有上列各款之一的预备行为者。

本条第（七）及第（八）两款所称“规定地区”应由海关总署会同中央人民政府公安部规定之。

第一百七十六条 有下列行为之一者，为重大走私行为：

（一）以特制的走私设备掩护，或由专营走私的运输工具运输走私的货物、货币、金银及其他物品者。

（二）走私行为系由专营走私的组织所为者。

（三）检查或扣留走私物品时，走私人以暴力抗拒者。

（四）私运毒品、军用品或其他违禁品者。

（五）伪造或冒用政府机关证件掩护走私者。

（六）惯常收藏、装卸、转运或买卖走私物品者。

（七）政府公务人员利用职权进行走私者。

（八）勾通政府公务人员进行走私者。

（九）掉换顶替进出口、保税、转运或过境货物者。

（十）有上列各款之一的预备行为者。

第一百七十七条 有本法第一百七十五条所列行为之一者，海关应将其走私物品没收，并得科走私人以走私物品等值以下的罚金；但情节轻微者，得仅科罚金或免予处分。

第一百七十八条 有本法第一百七十六条所列行为之一者，海关应将其走私物品没收；并得科走私人以走私物品等值以下的罚金。其情节重大者，并移送司法机关究办。但私运军用品者，应移送公安机关讯办。

第一百七十九条 私运进出国境货物、货币、金银及其他物品，经查明与运输工具确有关系时，海关除通知当地交通主管机关外，得没收运输工具，并得科运输工具负责人以走私物品等值以下的罚金；或并移送司法或公安机关究办。但情节轻微者，得仅科罚金或免予处分。

第一百八十条 海关对掩护走私的物品和特制设备以及专供窝藏走私物品的建筑物，得没收或拆毁之。

第一百八十一条 协助本法第一百七十五条所列行为之一者，得科该协助人以走私物品等值以下的罚金。情节轻微者，得免予处分。

协助本法第一百七十六条所列行为之一者，并得将协助人移送司法或公安机关究办。

第一百八十二条 走私案件自处分确定之日起一年内重犯本法第一百七十五条所列行为之一者，得按照本法第一百七十八条的规定处分之。

第一百八十三条 走私行为在三年后发觉者，得减免处分。

第一百八十四条 走私行为未经本法具体规定者，得根据情况，参照本法最相类似的条款处理之。

第十七章 走私案件的处理

第一百八十五条 走私案件的处理权属于海关。

第一百八十六条 走私案件的处分，由关长决定之。但关长得授权所属分关长或支关长为之。

第一百八十七条 海关对走私案件的处分，应以处分通知书送达受处分人，无法送达时，应公告之。

第一百八十八条 受处分人不服海关处分时，得于接到处分通知书或公告之日起十四日内向关提出申诉书，关长应重予审核，并得变更原处分。如维持原处分时，应加具意见转报海关总署审理。

受处分人对变更处分仍不服时，应于接到变更处分通知之日起七日内，提出再申诉，由关转报海关总署审理。

在上列期限内不提申诉，处分即属确定。

第一百八十九条 海关总署对申诉案件的决定，应制成决定书，发由原海关送达申诉人，无法送达时，应公告之。

海关总署的决定为最后决定。

第一百九十条 海关扣留物品或运输工具时，应掣给扣留凭单。

第一百九十一条 海关对无法扣留的走私物品或运输工具，得向走私人或运输工具负责人取具其等值的现金或其他可靠保证。

第一百九十二条 海关如认为所扣货物有易腐或失时效之虞者，得于处分确定前予以变卖，保管其价款，并通知原货物持有人。

第一百九十三条 除本法第一百九十二条所指物品及特殊情况者外，海关对查扣的走私物品或运输工具于处分确定前不得处理。

第一百九十四条 走私案件罚金，应由受处分人于处分确定或决定书送达或公告后十四日内一次交清，逾期海关得将扣留物品、运输工具或保证金没收。

前项扣留物品、运输工具或保证金由海关没收并科罚金者，其罚金交纳办法亦同，逾期海关得移送司法机关向受处分人追缴之。

二人以上共同参加的走私案件受同一处分者，对全部罚金的交纳应负连带责任。

第一百九十五条 没收物品和运输工具，以及按本法第一百二十九、第一百三十及第一百六十四各条规定由关处理的物品，应按照海关总署规定的办法变卖之。其不应变卖者，应移送有关主管机关处理，其办法由海关总署会同有关主管机关订定之。

海关总署规定应销毁的没收物品，由海关径行销毁之。

第一百九十六条 走私案件罚金及没收物品变价收入的处理提奖报解办法，由海关总署会同中央人民政府财政部订定之。

第十八章　违章案件的罚则和处理

第一百九十七条 有下列各款情事之一者，得科该有关运输工具负责人或经理人以有关运输工具等值以下的罚金：

（一）船舶未经关核准，自未设关港口直驶外国或自外国径驶未设关港口者。

（二）不准经营国际运输的船舶，擅自往来外国者。

（三）运输工具进入国境未向关申报，或未经关核准前往外国地方者。

第一百九十八条 有下列各款情事之一者，得科船舶负责人或经理人以人民币一千万元以下的罚金：

（一）载有本法第九十七条所指转运货物的船舶，未经关核准驶入未设关港口者。

（二）国际航行船舶自外国驶入内河设关港口或自该港口驶往外国时，未向内河进出口地点附近海关申报者。

第一百九十九条 有下列各款情事之一者，得科该有关运输工具负责人或经理人以人民币五百万元以下的罚金：

（一）经营国际运输的工具未经关核准或未按海关规定手续装卸货物，上下旅客、行李及物品者。

（二）进出国境运输工具所载货物应用物料等，未列入清单向关申报或已列清单经查无着者。

（三）违反本法第三十五条规定者。

（四）驳船未经关许可擅自装卸进出口、过境、转运货物或擅自移动者。

（五）本法第五十八条所指船舶未按照海关规定办理手续者。

（六）向关交验的文件有记载不实情事者。

（七）违反本法第七十一、第七十二、第七十八及第八十各条所规定的路线或时间者。

（八）经营国际运输的船舶或航空机，因灾难驶入未设关港口，或在未设关的航空站降落，而未按规定报明者。

（九）上项船舶、航空机，因灾难在中国境内抛掷或装卸货物而未按规定报明者。

第二百条 有下列各款情事之一者，得科该有关运输工具负责人或经理人以人民币一百万元以下的罚金：

（一）经营国际运输的工具未按规定时间或程序向关办理进出口手续者。

（二）经营国际运输的工具装卸货物完竣后，未于规定期限内向关交验规定文件者。

（三）国际航行船舶办清结关手续后，停留港内逾二十四小时并未向关报明者。

第二百零一条 过境或转运货物逾期运输出境或逾期运达指定地点而不能提供正当理由者，得科货物所有人或承运人以人民币一百万元以下的罚金。

第二百零二条 海关注册或许可的仓库场所所存货物数量不符或未经关放行有提取情事，不能提供正当理由者，得科该仓库场所经理人以货物等值以下的罚金。

第二百零三条 有下列各款情事之一者，得科该有关仓库场所经理人以人民币五百万元以下的罚金：

（一）经关注册或许可的仓库场所擅自收存未经关核准卸入的货物者。

（二）未经关注册或许可的仓库场所擅自收存应受关监管的货物者。

第二百零四条 有下列各款情事之一者，得科该有关仓库场所经理人以人民币一百万元以下的罚金：

（一）进口货物收存完毕四十八小时内未签具收货清单送关查核者。

（二）对货物的进出及存储有不实的记载者。

第二百零五条 有下列各款情事之一者，得科货主或代理人以所漏税额三倍以下或货物等值以下的罚金：

（一）申报进出口货物名称、规格或价格不确实者。

（二）交验有关进出口货物的发票、合同、单据、簿册等文件有不真实者，或不交验上项文件者。

第二百零六条 有下列各款情事之一者，得科有关行为人或负责人以人民币五百万元以下的罚金：

（一）擅自涂改、移动或拆毁海关的封志，开启或进入经关加封的处所者。

（二）擅将未经海关放行的货物拆包、改装或更改标记、号码者。

（三）对海关人员执行职务有阻挠妨碍情事者。

（四）未经海关放行擅自提取货物行李者。

第二百零七条　寄递携带或持有空白票据可供填作进口货物国外发票者，得科以人民币一千万元以下的罚金，并应将该项票据没收销毁。

第二百零八条　按照本法第一百九十七条至第二百零七条应同时科罚的各关系人，海关得分别科罚之。

第二百零九条　违章案件自处分确定之日起一年内有重犯本法同条同款情事者，得按其罚金的最高额加重二分之一。

第二百一十条　违章行为未经本法具体规定者，得根据情况，参照本法所规定最相类似的条款处理之。

第二百一十一条　违章行为在三年后发觉者，免予处罚。

第二百一十二条　违章案件受处分人未交付或保证交付所科罚金以前，海关得将有关运输工具或货物扣留，按照本法第一百九十、第一百九十二及第一百九十三各条规定办理。

第二百一十三条　关于违章案件的处理和申诉，适用本法第一百八十五条至第一百八十九条及第一百九十三条至第一百九十五条的规定。

第二百一十四条　违章案件罚金及没收物品变价收入的处理提奖报解办法，适用本法第一百九十六条的规定。

第二百一十五条　违反中央人民政府对外贸易及金融管制的案件，除本法已有规定者外，应依照有关管制法令处理之。

第八篇　附　则

第十九章　附　则

第二百一十六条　在本法不适用的特定地区，得由海关总署依本法所定原则及当地具体情况，另订条例报请中央人民政府政务院批准施行。

第二百一十七条　本法经中央人民政府政务院政务会议通过公布施行。

15. 中华人民共和国海关进出口税则

（1951年5月4日政务院第八十三次政务会议批准
1951年5月10日政务院公布　自5月16日起施行）

第一类　食粮、果品、菜蔬、肉、蛋、乳、食油及其他食品类

号列	货　　名	进口税率		出口税率*
		最低	普通	
	（一）粮食及粮食粉			
1	谷、米：			
	（甲）谷	17.5%	20%	
	（乙）米	17.5%	20%	
2	小麦	17.5%	20%	
3	荞麦	25%	35%	
4	小米：			
	（甲）小米	25%	35%	
	（乙）小米谷	25%	35%	
5	高粱	25%	35%	
6	玉蜀黍	25%	35%	
7	未列名粮食	25%	35%	
8	面粉	50%	70%	
9	未列名粮食粉	50%	70%	

* 凡出口货品，在出口税率栏内未载税率者，现均不征出口税。

续表

号列	货　　名	进口税率		出口税率
		最低	普通	
	（二）豆			
10	大豆：			
	（甲）黄豆	50%	70%	
	（乙）黑豆、青豆、白豆	50%	70%	
11	蚕豆	50%	70%	
12	绿豆	50%	70%	
13	赤豆	50%	70%	
14	豌豆	50%	70%	
15	未列名豆	50%	70%	
	（三）果品			
16	橘、柑、橙、柚	80%	120%	
17	柠檬	80%	120%	
18	苹果	80%	120%	
19	梨	80%	120%	
20	橄榄	80%	120%	
21	香蕉	80%	120%	
22	瓜：			
	（甲）西瓜	80%	120%	
	（乙）其他	80%	120%	
23	甘蔗	80%	120%	
24	未列名鲜果	80%	120%	
25	桂圆（桂圆肉在内）	80%	120%	
26	荔枝干	80%	120%	
27	黑枣、红枣	80%	120%	

续表

号列	货　　名	进口税率		出口税率
		最低	普通	
28	柿饼	80%	120%	
29	葡萄干	80%	120%	
30	核桃、核桃仁：			
	（甲）核桃	80%	120%	
	（乙）核桃仁	80%	120%	
31	栗	80%	120%	
32	罐头果品：			
	（甲）波萝蜜	100%	150%	
	（乙）果酱	100%	150%	
	（丙）其他	100%	150%	
33	未列名干果、制果：			
	（甲）散装	80%	120%	
	（乙）零售装（罐头不在内）	100%	150%	
	（四）菜蔬			
34	鲜菜蔬：			
	（甲）马铃薯	50%	70%	
	（乙）甘薯	50%	70%	
	（丙）其他	50%	70%	
35	蒜头	60%	80%	
36	菌菇	120%	180%	
37	金针菜	60%	80%	
38	木耳：			
	（甲）黑木耳	60%	80%	
	（乙）白木耳	120%	180%	

续表

号列	货　　名	进口税率		出口税率
		最低	普通	
	（丙）其他	120%	180%	
39	榨菜、大头菜、咸萝卜干：			
	（甲）榨菜	60%	80%	
	（乙）大头菜	60%	80%	
	（丙）咸萝卜干	60%	80%	
40	罐头菜蔬：			
	（甲）芦笋	80%	120%	
	（乙）油焖笋	80%	120%	
	（丙）其他	80%	120%	
41	未列名干、咸制菜蔬：			
	（甲）散装	60%	80%	
	（乙）零售装（罐头不在内）	80%	120%	
	（五）肉及肉制品			
42	鲜冻肉：			
	（甲）鲜冻肉（家禽肉在内）	80%	120%	
	（乙）野味	80%	120%	
43	火腿	100%	150%	
44	咸牛肉	100%	150%	
45	腊肠	100%	150%	
46	肉汁	100%	150%	
47	罐头肉品：			
	（甲）火腿	120%	180%	
	（乙）咸牛肉	120%	180%	
	（丙）其他	120%	180%	

续表

号列	货　　名	进口税率		出口税率
		最低	普通	
48	未列名干、咸、腌、腊、熏制肉：			
	（甲）散装	100%	150%	
	（乙）零售装（罐头不在内）	120%	180%	
	（六）蛋及蛋制品			
49	鲜蛋（野鸟蛋在内）	80%	120%	
50	干蛋白、干蛋黄、干全蛋	80%	120%	
51	冰湿蛋白、冰湿蛋黄、冰湿全蛋（蜜制蛋品在内）	80%	120%	
52	制过蛋：			
	（甲）皮蛋	80%	120%	
	（乙）咸蛋	80%	120%	
	（丙）其他	80%	120%	
	（七）乳及乳制品			
53	鲜乳、淡乳及奶皮	80%	120%	
54	炼乳	80%	100%	
55	牛奶粉、代乳粉	40%	60%	
56	奶油	80%	120%	
57	奶酥	80%	120%	
58	未列名乳制品	80%	120%	
	（八）食油			
59	花生油	80%	120%	10%
60	豆油	80%	120%	
61	菜子油	80%	120%	
62	芝麻油	80%	120%	

续表

号列	货　　名	进口税率		出口税率
		最低	普通	
63	猪油	80%	120%	
64	未列名食油	100%	150%	
	（九）其他食品			
65	蜂蜜	80%	100%	
66	燕窝	150%	250%	
67	发酵粉	50%	70%	
68	洋菜	80%	120%	
69	乳腐	80%	120%	
70	假奶油（各种奶油代替品在内）	80%	120%	
71	淡巧格力（糖食不在内）	120%	180%	
72	饼干	100%	150%	
73	糖食	120%	180%	
74	果子露	100%	150%	
75	粉丝、通心粉及同类物品：			
	（甲）粉丝	80%	120%	
	（乙）通心粉	80%	120%	
	（丙）其他	80%	120%	
76	麦片及其他杂粮制品：			
	（甲）燕麦片	80%	120%	
	（乙）其他	80%	120%	
77	调味品：			
	（甲）酱油	80%	120%	
	（乙）味精粉	120%	180%	
	（丙）其他	80%	120%	

续表

号列	货　　名	进口税率		出口税率
		最低	普通	
78	未列名食品：			
	（甲）散装	80%	120%	
	（乙）零售装	100%	150%	
	（丙）罐头装	100%	150%	

第二类　糖、茶、烟、酒及饮料类

号列	货　　名	进口税率		出口税率
		最低	普通	
	（十）糖及糖产品			
79	糖蜜（工业用）	100%	150%	
80	糖：			
	（甲）机制糖：			
	（1）旋光度不过九八度者	70%	80%	
	（2）旋光度九八度以上及精制糖内含转化糖过2%者	70%	80%	
	（乙）非机制糖：			
	（1）赤糖、青糖	70%	80%	
	（2）白糖	70%	80%	
81	方糖、块糖	100%	150%	
82	冰糖	100%	150%	
83	葡萄糖（药用者不在内）	120%	180%	
84	糖浆	100%	150%	
85	各种糖精	100%	150%	
86	其他糖：			

续表

号列	货　　名	进口税率		出口税率
		最低	普通	
	（甲）花楸醣、木质醛醣及类似之醣	30%	40%	
	（乙）未列名糖	100%	150%	
	（十一）茶、咖啡、可可			
87	红茶：			
	（甲）红茶	100%	150%	
	（乙）红毛茶	100%	150%	
	（丙）其他（片、末在内）	100%	150%	
88	绿茶：			
	（甲）绿茶	100%	150%	
	（乙）绿毛茶	100%	150%	
	（丙）其他（片、末在内）	100%	150%	
89	砖茶、饼茶：			
	（甲）砖茶	100%	150%	
	（乙）饼茶	100%	150%	
90	乌龙茶	100%	150%	
91	花熏茶	100%	150%	
92	茶用花	100%	150%	
93	未列名茶	100%	150%	
94	咖啡：			
	（甲）咖啡豆	80%	120%	
	（乙）其他	120%	180%	
95	可可：			
	（甲）可可豆	80%	120%	
	（乙）其他	120%	180%	

续表

号列	货　名	进口税率		出口税率
		最低	普通	
	（十二）烟草及其制品			
96	烟叶	50%	70%	
97	熏烟叶	50%	70%	
98	烟梗、烟末、碎烟、废烟：			
	（甲）烟梗	50%	70%	
	（乙）其他	50%	70%	
99	烟丝	200%	400%	
100	纸烟	200%	400%	
101	雪茄烟	200%	400%	
102	未列名制烟	200%	400%	
	（十三）酒及饮料			
103	黄酒、白酒、烧酒	200%	400%	
104	啤酒	200%	400%	
105	红白葡萄汁酒、葡萄酒、甜葡萄酒	200%	400%	
106	香宾及他种汽酒	200%	400%	
107	伏特加酒	200%	400%	
108	白兰地酒、威士忌酒：			
	（甲）白兰地酒	200%	400%	
	（乙）威士忌酒	200%	400%	
109	甜酒	200%	400%	
110	药酒	200%	400%	
111	未列名酒	200%	400%	
112	汽水	100%	150%	
113	未列名饮料	100%	150%	

第三类　鱼、介及海产品类

号列	货　名	进口税率		出口税率
		最低	普通	
	（十四）鱼			
114	鱼苗、鱼秧	5%	7.5%	
115	鲜鱼（冰冻鱼在内）	80%	120%	
116	干墨鱼、鱿鱼：			
	（甲）干墨鱼	100%	150%	
	（乙）干鱿鱼	100%	150%	
117	干鱼：			
	（甲）干鳘鱼	100%	150%	
	（乙）其他	100%	150%	
118	咸鱼：			
	（甲）咸青鳞鱼	100%	150%	
	（乙）咸沙门鱼	100%	150%	
	（丙）其他	100%	150%	
119	烟熏鱼及制鱼：			
	（甲）散装	100%	150%	
	（乙）零售装（罐头不在内）	100%	150%	
120	罐头鱼	120%	180%	
	（十五）介、贝			
121	鲜介、贝：			
	（甲）鲜虾	80%	120%	
	（乙）鲜蟹	80%	120%	
	（丙）鲜蛤蜊、鲜蚶子	80%	120%	
	（丁）其他	80%	120%	
122	虾米、虾干	100%	150%	

续表

号列	货　　名	进口税率		出口税率
		最低	普通	
123	碎虾米、虾皮	100%	150%	
124	淡菜干、蛎干、蛏干、蛤蜊干、蚶子干：			
	（甲）淡菜干、蛎干、蛏干	100%	150%	
	（乙）蛤蜊干、蚶子干	100%	150%	
125	蟹肉干	100%	150%	
126	江瑶柱（干贝）	150%	250%	
127	干鲍鱼	150%	250%	
128	罐头介、贝：			
	（甲）鲍鱼	150%	250%	
	（乙）其他	120%	180%	
129	未列名介、贝：			
	（甲）散装	80%	120%	
	（乙）零售装	100%	150%	
	（十六）其他海产品			
130	石花菜	30%	40%	
131	海带：			
	（甲）海带条	25%	30%	
	（乙）海带片	25%	30%	
	（丙）海带丝	25%	30%	
	（丁）其他	25%	30%	
132	海蜇	100%	150%	
133	鱼子酱	80%	120%	
134	鱼皮、鱼唇、鱼头、鱼尾	150%	250%	

续表

号列	货名	进口税率		出口税率
		最低	普通	
135	鱼肚	150%	250%	
136	鱼翅：			
	（甲）未净鱼翅	150%	250%	
	（乙）净鱼翅	150%	250%	
137	海参：			
	（甲）白海参	150%	250%	
	（乙）黑海参	150%	250%	
	（丙）黑刺参	150%	250%	
138	罐头海产品	120%	180%	
139	未列名海产品：			
	（甲）散装	80%	120%	
	（乙）零售装	100%	150%	

第四类　药材、子仁、鞣料、树脂、橡胶及其他植物产品类

号列	货名	进口税率		出口税率
		最低	普通	
	（十七）活植物			
140	活植物：			
	（甲）果树及森林苗木	10%	12.5%	
	（乙）其他	60%	80%	
	（十八）植物药材、香料			
141	人参：			
	（甲）野参	100%	120%	

续表

号列	货　　名	进口税率		出口税率
		最低	普通	
	（乙）西洋参	60%	70%	
	（丙）其他	60%	70%	
142	豆蔻、砂仁：			
	（甲）豆蔻壳、砂仁壳	10%	12.5%	
	（乙）豆蔻	10%	12.5%	
	（丙）砂仁	10%	12.5%	
143	肉桂、桂皮、桂枝、桂子：			
	（甲）肉桂	40%	60%	
	（乙）桂皮	40%	60%	
	（丙）桂枝	40%	60%	
	（丁）桂子	40%	60%	
144	槟榔、槟榔衣：			
	（甲）槟榔	30%	40%	
	（乙）槟榔衣	25%	30%	
145	奎宁树皮	5%	7.5%	
146	木香	10%	12.5%	
147	三奈	20%	25%	
148	良姜	60%	80%	
149	大黄	60%	80%	
150	麻黄	60%	80%	
151	甘草	60%	80%	
152	茯苓	60%	80%	
153	陈皮、柚皮	60%	80%	
154	当归	60%	80%	

续表

号列	货　名	进口税率		出口税率
		最低	普通	
155	贝母	60%	80%	
156	樟脑：			
	（甲）粗樟脑、净樟脑、樟脑块	20%	25%	
	（乙）合成樟脑	20%	25%	
157	冰片：			
	（甲）天然冰片	10%	12.5%	
	（乙）其他	10%	12.5%	
158	丁香、母丁香：			
	（甲）丁香	10%	12.5%	
	（乙）母丁香	10%	12.5%	
159	八角茴香：			
	（甲）碎八角	70%	100%	
	（乙）八角茴香	70%	100%	
160	胡椒：			
	（甲）黑胡椒	30%	40%	
	（乙）白胡椒	30%	40%	
161	肉豆蔻	20%	25%	
162	其他植物药材、香料：			
	（甲）黄草、胡连、风蔻、番红花	10%	12.5%	
	（乙）未列名植物药材	20%	25%	
	（丙）未列名植物香料	40%	60%	
	（十九）子仁、子饼			
163	农作物种子（包括牧草种子）	免税	免税	
164	菜子	50%	70%	

续表

号列	货　　名	进口税率		出口税率
		最低	普通	
165	棉子	50%	70%	
166	苏子	50%	70%	
167	麻子	50%	70%	
168	胡麻子	50%	70%	
169	蓖麻子	50%	70%	
170	芝麻	50%	70%	
171	瓜子	80%	120%	
172	松子	80%	120%	
173	莲子	80%	120%	
174	杏仁	80%	120%	
175	花生：			
	（甲）带壳花生	60%	80%	15%
	（乙）花生仁	60%	80%	15%
176	未列名子仁	50%	70%	
177	豆饼	50%	70%	
178	棉子饼	50%	70%	
179	花生饼	50%	70%	
180	菜子饼	50%	70%	
181	未列名子饼	50%	70%	
	（二十）鞣料、染料、膏料			
182	降香水	35%	45%	
183	苏木	35%	45%	
184	栲皮	20%	25%	
185	黄柏皮	40%	60%	

续表

号列	货　　名	进口税率		出口税率
		最低	普通	
186	荆树皮	20%	25%	
187	梅树皮	35%	45%	
188	五倍子	60%	80%	
189	姜黄	40%	60%	
190	红花	40%	60%	
191	洋柯子	25%	35%	
192	未列名天然染料、鞣料	35%	45%	
193	蓝靛：			
	（甲）水靛	60%	80%	
	（乙）干靛	60%	80%	
194	藤黄	35%	45%	
195	薯莨膏	35%	45%	
196	儿茶膏及干比阿膏	30%	35%	
197	宽勃拉可膏	25%	30%	
198	荆树皮膏	25%	30%	
199	苏木膏	40%	60%	
200	栗木膏	35%	45%	
201	未列名植物质色膏、鞣膏	35%	45%	
	（二十一）漆、松香、树脂			
202	生漆	80%	120%	
203	洋干漆（钮树胶在内）	30%	35%	
204	亚剌伯胶	30%	35%	
205	胶黄耆树胶（卡喇杆胶）	30%	35%	
206	松香：			

续表

号列	货　　名	进口税率		出口税率
		最低	普通	
	（甲）白松香	30%	35%	
	（乙）其他	50%	70%	
207	乳香	25%	30%	
208	没药	25%	30%	
209	阿魏	25%	30%	
210	血竭	30%	35%	
211	未列名树脂	35%	45%	
	（二十二）橡胶及其制品			
212	生橡胶（人造橡胶及与橡胶类似之树胶在内）：			
	（甲）橡胶液	12.5%	15%	
	（乙）生橡胶片及绉片	12.5%	15%	
	（丙）其他	12.5%	15%	
213	翻制橡胶、旧废橡胶：			
	（甲）翻制橡胶（再生胶）	15%	17.5%	
	（乙）其他	15%	17.5%	
214	制成橡胶片、管：			
	（甲）制成平片、绉片	25%	30%	
	（乙）管	25%	30%	
215	橡胶轮胎：			
	（甲）汽车轮胎（30×5以下者）：			
	（1）内胎	60%	80%	
	（2）外胎	60%	80%	
	（乙）汽车轮胎（30×5至32×6）：			

续表

号列	货　　名	进口税率		出口税率
		最低	普通	
	（1）内胎	40%	60%	
	（2）外胎	40%	60%	
	（丙）汽车轮胎（34×7或以上者）：			
	（1）内胎	30%	40%	
	（2）外胎	30%	40%	
	（丁）脚踏车（自行车）轮胎：			
	（1）内胎	80%	120%	
	（2）外胎	80%	120%	
	（戊）其他内外轮胎：			
	（1）内胎	80%	120%	
	（2）外胎	80%	120%	
216	橡胶鞋、靴：			
	（甲）鞋底、鞋跟	100%	150%	
	（乙）鞋、靴	80%	120%	
217	未列名橡胶制品	80%	120%	
	（二十三）其他植物原料及产品			
218	大麦牙	60%	80%	
219	霍希花	40%	60%	
220	木棉	70%	100%	
221	干椰子肉	20%	25%	
222	象牙果	15%	17.5%	
223	糠、麸	50%	70%	
224	浆粉（工业用）：			
	（甲）珍粉	40%	60%	

续表

号列	货　　名	进口税率		出口税率
		最低	普通	
	（乙）谷浆粉	50%	70%	
	（丙）糊精	30%	40%	
	（丁）其他	50%	70%	
225	饲料	50%	70%	
226	未列名植物肥料	50%	70%	
227	未列名植物原料、产品及制品：			
	（甲）原料	50%	70%	
	（乙）产品及制品	70%	100%	

第五类　木、木材、竹、棕、藤、草及其制品类

号列	货　　名	进口税率		出口税率
		最低	普通	
	（二十四）木、木材及其制品			
	木			
228	柚木	30%	40%	
229	樟木	35%	45%	
230	红木、花梨木	80%	120%	
231	檀香木	25%	30%	
232	香木：			
	（甲）馨香木	60%	80%	
	（乙）沉香木	25%	30%	
233	糖槭木	60%	80%	
234	毛柿木	60%	80%	
235	啤采木	60%	80%	

续表

号列	货　　名	进口税率		出口税率
		最低	普通	
236	乌木	60%	80%	
237	呀兰治木	60%	80%	
238	铁木	30%	40%	
	木材（已列名木不在内）			
239	普通粗斩重木木材及圆木段：			
	（甲）白杨木、棉木、椴木	30%	40%	
	（乙）其他	30%	40%	
240	普通粗斩轻木木材及圆木段：			
	（甲）粗斩木材	30%	40%	
	（乙）圆木段	30%	40%	
241	普通锯解重木木材：			
	（甲）矮黄杨木、番石榴木、柏木	35%	45%	
	（乙）其他	35%	45%	
242	普通锯解轻木木材	35%	45%	
243	普通制成重木木材：			
	（甲）无疵	40%	60%	
	（乙）可作商品用	40%	60%	
244	普通制成轻木木材：			
	（甲）无疵：			
	（1）已刨平者	40%	60%	
	（2）其他	40%	60%	
	（乙）可作商品用：			
	（1）已刨平者	40%	60%	
	（2）其他	40%	60%	

续表

号列	货名	进口税率		出口税率
		最低	普通	
245	桅杆	40%	60%	
246	板条	70%	100%	
247	未列名木及木材：			
	（甲）重木	35%	45%	
	（乙）轻木	35%	45%	
	柴、炭、木制品			
248	柴、木炭：			
	（甲）柴	60%	80%	
	（乙）木炭	60%	80%	
249	制铅笔用香柏木条（已锯成条，不过20公分长，7.5公分宽，7公厘厚者）	20%	25%	
250	木梗、木片（制火柴用）	70%	100%	
251	秤杆木	30%	40%	
252	夹板、镶板：			
	（甲）夹板（3夹板、5夹板等）	60%	80%	
	（乙）镶板（装饰板）	80%	120%	
253	桶坯、箱板及桶、箱、笼等普通装货容器：			
	（甲）桶坯、箱板	80%	120%	
	（乙）其他	80%	120%	
254	木家具	100%	150%	
255	未列名木制品	100%	150%	
	（二十五）软木及其制品			
256	软木：			

续表

号列	货　　名	进口税率		出口税率
		最低	普通	
	（甲）块料	12.5%	15%	
	（乙）碎料	12.5%	15%	
257	软木片、纸：			
	（甲）软木片	20%	25%	
	（乙）软木纸	20%	25%	
258	压制软木：			
	（甲）碎软木压制片	20%	25%	
	（乙）其他	20%	25%	
259	软木塞	50%	70%	
260	其他软木制品：			
	（甲）制瓶盖用之软木圆片	25%	35%	
	（乙）未列名软木制品	50%	70%	
	（二十六）竹及竹制品			
261	竹竿：			
	（甲）直径不及25公厘者	50%	70%	
	（乙）直径在25公厘或以上者	50%	70%	
262	竹片、竹篾、竹叶等：			
	（甲）竹片、竹篾	60%	80%	
	（乙）其他	60%	80%	
263	竹制品：			
	（甲）竹席	80%	120%	
	（乙）其他	80%	120%	
	（二十七）棕、藤及其制品			
264	棕：			

续表

号列	货　　名	进口税率		出口税率
		最低	普通	
	（甲）生棕、棕片	40%	60%	
	（乙）棕丝	40%	60%	
265	棕制品：			
	（甲）棕绳、索	60%	80%	
	（乙）棕毯（门口用）	80%	120%	
	（丙）棕地席	80%	120%	
	（丁）其他	80%	120%	
266	藤：			
	（甲）藤条、藤心	25%	30%	
	（乙）藤皮、藤丝	25%	30%	
	（丙）藤片	25%	30%	
267	藤制品：			
	（甲）藤家具	100%	150%	
	（乙）其他	100%	150%	
	（二十八）草及草制品			
268	草、麦杆：			
	（甲）麦杆	50%	70%	
	（乙）金丝草	5%	7.5%	
	（丙）巴拿马草	10%	12.5%	
	（丁）墨西哥草	10%	12.5%	
	（戊）其他	25%	35%	
269	帽缏：			
	（甲）麦草制帽缏	80%	120%	
	（乙）他种草制帽缏	80%	120%	

续表

号列	货　　名	进口税率		出口税率
		最低	普通	
270	草帽：			
	（甲）麦杆制	100%	150%	
	（乙）台湾草制	100%	150%	
	（丙）金丝草制	100%	150%	
	（丁）巴拿马草制	100%	150%	
	（戊）麻草制	100%	150%	
	（己）其他	100%	150%	
271	草席、地席：			
	（甲）草席：			
	（1）龙须草席	80%	120%	
	（2）台湾草席	80%	120%	
	（3）其他草席	80%	120%	
	（乙）地席（长度超过198公分，宽度超过137公分，或缝成地毯形者均在内）	80%	120%	
272	未列名草制品	80%	120%	

第六类　活动物及动物产品类

号列	货　　名	进口税率		出口税率
		最低	普通	
	（二十九）活动物			
273	改良种用活动物：			
	（甲）牛：			
	（1）乳用牛	免税	免税	

续表

号列	货　　名	进口税率		出口税率
		最低	普通	
	（2）其他	免税	免税	
	（乙）马、驴	免税	免税	
	（丙）猪	免税	免税	
	（丁）山羊、绵羊	免税	免税	
	（戊）家禽	免税	免税	
	（已）其他	免税	免税	
274	牛：			
	（甲）水牛	20%	25%	
	（乙）黄牛	20%	25%	
	（丙）其他	20%	25%	
275	马、驴、骡	20%	25%	
276	猪	60%	80%	
277	羊：			
	（甲）山羊	60%	80%	
	（乙）绵羊	60%	80%	
278	家禽：			
	（甲）鸡、鸭	60%	80%	
	（乙）其他	60%	80%	
279	野禽	60%	80%	
280	野兽	60%	80%	
281	未列名活动物	60%	80%	
	（三十）动物药料、香料			
282	斑蝥	70%	100%	
283	麝香	100%	150%	

续表

号列	货　名	进口税率		出口税率
		最低	普通	
284	鹿茸：			
	（甲）老鹿茸	100%	150%	
	（乙）嫩鹿茸	100%	150%	
285	黄药：			
	（甲）牛黄	10%	12.5%	
	（乙）猴枣	10%	12.5%	
	（丙）其他	10%	12.5%	
286	其他动物药料、香料：			
	（甲）犀角	10%	12.5%	
	（乙）羚羊角	10%	12.5%	
	（丙）未列名动物药料	20%	25%	
	（丁）未列名动物香料	40%	60%	
	（三十一）肠衣、兽筋			
287	干制肠衣	80%	120%	
288	盐渍肠衣：			
	（甲）羊肠	80%	120%	
	（乙）猪肠	80%	120%	
	（丙）其他	80%	120%	
289	兽筋：			
	（甲）牛筋	80%	120%	
	（乙）鹿筋	80%	120%	
	（丙）其他	80%	120%	
	（三十二）动物胶			
290	牛皮胶	70%	100%	

续表

号列	货　名	进口税率		出口税率
		最低	普通	
291	鱼胶	70%	100%	
292	未列名动物胶及他种胶	70%	100%	
	（三十三）发、鬃、毛、羽、及其制品			
293	头发	80%	120%	
294	发绺、发网	100%	150%	
295	未列名发制品	100%	150%	
296	猪鬃：			
	（甲）未净未整猪鬃	80%	120%	30%
	（乙）已净已整猪鬃：			
	（1）扎子	80%	120%	30%
	（2）其他	80%	120%	30%
297	马鬃、马尾	80%	120%	
298	未列名兽毛及兽毛制品：			
	（甲）兽毛	80%	120%	
	（乙）兽毛制品	100%	150%	
299	鸭毛、鹅毛：			
	（甲）鸭毛、鹅毛	80%	120%	
	（乙）鸭绒、鹅绒	100%	150%	
	（丙）野鸭绒	100%	150%	
300	其他羽毛及羽毛制品：			
	（甲）羽毛：			
	（1）装饰用	120%	180%	
	（2）其他	80%	120%	

续表

号列	货　名	进口税率		出口税率
		最低	普通	
	（乙）羽毛制品	120%	180%	
	（三十四）角、牙、骨及其制品			
301	角：			
	（甲）牛角	60%	80%	
	（乙）老鹿角	60%	80%	
	（丙）其他	60%	80%	
302	角制品	80%	120%	
303	兽牙：			
	（甲）象牙	20%	25%	
	（乙）其他	20%	25%	
304	兽牙制品：			
	（甲）象牙制品	150%	200%	
	（乙）其他	150%	200%	
305	骨：			
	（甲）牛骨	60%	80%	
	（乙）虎骨	60%	80%	
	（丙）其他	60%	80%	
306	骨制品	80%	120%	
	（三十五）其他动物原料及产品			
307	蚕子	25%	35%	
308	海绵	50%	70%	
309	介壳	60%	80%	

续表

号列	货　　名	进口税率		出口税率
		最低	普通	
310	穿山甲片、鳄鱼片：			
	（甲）穿山甲片	20%	25%	
	（乙）鳄鱼片	20%	25%	
311	动物肥料：			
	（甲）鸟粪	7.5%	10%	
	（乙）其他	25%	35%	
312	未列名动物原料、产品及制品：			
	（甲）原料	50%	70%	
	（乙）产品及制品	70%	100%	

第七类　毛皮、生皮、皮革及其制品类

号列	货　　名	进口税率		出口税率
		最低	普通	
	（三十六）毛皮及其制品			
	未硝毛皮			
313	灰鼠皮、银鼠皮、貂皮：			
	（甲）灰鼠皮	100%	150%	
	（乙）银鼠皮	100%	150%	
	（丙）貂皮	100%	150%	
314	狐皮：			
	（甲）银狐皮	100%	150%	
	（乙）其他	100%	150%	

续表

号列	货　　名	进口税率		出口税率
		最低	普通	
315	水獭皮、旱獭皮：			
	（甲）水獭皮	100%	150%	
	（乙）旱獭皮	100%	150%	
316	黄鼠狼皮：			
	（甲）黄狼皮	70%	100%	
	（乙）黄狼尾	40%	60%	
317	羊皮：			
	（甲）羔皮	70%	100%	
	（乙）绵羊皮	70%	100%	
	（丙）山羊皮	70%	100%	
	（丁）猾皮	70%	100%	
318	獾皮	70%	100%	
319	猫皮：			
	（甲）家猫皮	70%	100%	
	（乙）野猫皮	70%	100%	
	（丙）狸猫皮（麝猫皮）	70%	100%	
320	兔皮：			
	（甲）家兔皮	70%	100%	
	（乙）野兔皮	70%	100%	
321	狗皮、狼皮：			
	（甲）狗皮	70%	100%	
	（乙）狼皮	70%	100%	
322	未列名未硝毛皮	80%	120%	
	已硝毛皮			

续表

号列	货　名	进口税率		出口税率
		最低	普通	
323	灰鼠皮、银鼠皮、貂皮：			
	（甲）灰鼠皮	120%	180%	
	（乙）银鼠皮	120%	180%	
	（丙）貂皮	120%	180%	
324	狐皮：			
	（甲）银狐皮	120%	180%	
	（乙）其他	120%	180%	
325	水獭皮、旱獭皮：			
	（甲）水獭皮	120%	180%	
	（乙）旱獭皮	120%	180%	
326	黄鼠狼皮	80%	120%	
327	羊皮：			
	（甲）羔皮	80%	120%	
	（乙）绵羊皮	80%	120%	
	（丙）山羊皮	80%	120%	
	（丁）猾皮	80%	120%	
328	獾皮	80%	120%	
329	猫皮：			
	（甲）家猫皮	80%	120%	
	（乙）野猫皮	80%	120%	
	（丙）狸猫皮（麝猫皮）	80%	120%	
330	兔皮：			
	（甲）家兔皮	80%	120%	
	（乙）野兔皮	80%	120%	

续表

号列	货　　名	进口税率		出口税率
		最低	普通	
331	狗皮、狼皮：			
	（甲）狗皮	80%	120%	
	（乙）狼皮	80%	120%	
332	未列名已硝毛皮	100%	150%	
	皮货及其制品			
333	皮统、皮板：			
	（甲）皮统	120%	180%	
	（乙）皮板	120%	180%	
334	皮毯、皮褥	120%	180%	
335	未列名皮货皮及其制品	120%	180%	
	（三十七）生皮及皮革			
336	生牛皮：			
	（甲）水牛皮：			
	（1）湿皮	20%	25%	
	（2）干皮	20%	25%	
	（乙）黄牛皮：			
	（1）湿皮	20%	25%	
	（2）干皮	20%	25%	
337	生马皮、驴皮、骡皮	60%	80%	
338	未列名生皮	60%	80%	
339	制机器带用皮	20%	25%	
340	滚筒用皮（纺织机用）	15%	17.5%	
341	鞋底皮：			
	（甲）粗硝牛皮	70%	100%	

续表

号列	货　　名	进口税率		出口税率
		最低	普通	
	（乙）其他	70%	100%	
342	鞋面皮	70%	100%	
343	漆皮	70%	100%	
344	未列名皮革	70%	100%	
	（三十八）皮革制品			
345	皮鞋、皮靴	80%	120%	
346	未列名皮革制品	80%	120%	

第八类　矿产品、玻璃及陶磁器类

号列	货　　名	进口税率		出口税率
		最低	普通	
	（三十九）金属矿砂			
347	铁矿砂	免税	免税	
348	钨矿砂	免税	免税	
349	锰矿砂	免税	免税	
350	铋、钼、钍、铀矿砂：			
	（甲）钼矿砂	免税	免税	
	（乙）其他	免税	免税	
351	未列名金属矿砂	免税	免税	
	（四十）煤、煤膏、沥青			
352	煤：			
	（甲）白煤（燃率在5或以上者）	100%	150%	
	（乙）其他	100%	150%	
353	焦炭	80%	120%	

续表

号列	货　　名	进口税率		出口税率
		最低	普通	
354	煤砖、煤球：			
	（甲）煤砖	80%	120%	
	（乙）煤球	80%	120%	
355	煤膏（柏油）	25%	35%	
356	沥青、地沥青	25%	35%	
	（四十一）盐、硫磺、雄黄、泥、土、砂、石等			
357	盐	①		
358	硫磺：			
	（甲）原状	50%	70%	
	（乙）精制：			
	（1）升华硫磺、沉淀硫磺	17.5%	20%	
	（2）其他	50%	70%	
359	雄黄	50%	70%	
360	耐火泥	17.5%	20%	
361	陶土	60%	80%	
362	石灰	80%	120%	
363	石膏	80%	120%	
364	石墨	20%	25%	
365	云母	25%	30%	
366	浮石	25%	30%	
367	火石（圆石子在内）	80%	120%	
368	萤石	50%	70%	

① 特准输入之盐，由盐务机关征收盐税。

续表

号列	货　　名	进口税率		出口税率
		最低	普通	
369	磷灰石	7.5%	10%	
370	大理石	80%	120%	
371	磨光用砂（人造砂在内）：			
	（甲）宝砂	10%	12.5%	
	（乙）金刚砂	10%	12.5%	
	（丙）其他	10%	12.5%	
372	真假贵重宝石（玉、玛瑙等在内）：			
	（甲）未切磨者：			
	（1）玉石	20%	25%	
	（2）其他	20%	25%	
	（乙）已切磨者：			
	（1）玉石	100%	150%	
	（2）其他	100%	150%	
	（丙）工业用金刚石	10%	12.5%	
373	未列名泥、土、砂、石等	50%	70%	
	（四十二）泥、土、砂、石等制品			
374	水泥	40%	60%	
375	瓦、砖：			
	（甲）瓦	80%	120%	
	（乙）砖	80%	120%	
	（丙）釉面砖及马赛克砖	100%	150%	
376	火砖：			
	（甲）火泥制砖	20%	25%	
	（乙）铬、镁、特种耐火砖	17.5%	20%	

续表

号列	货名	进口税率		出口税率
		最低	普通	
	（丙）其他	20%	25%	
377	坩埚：			
	（甲）石墨制	17.5%	20%	
	（乙）其他	17.5%	20%	
378	宝砂、金刚砂及其他未列名天然或人造磨擦料制品：			
	（甲）砂纸：			
	（1）防水砂纸	20%	25%	
	（2）其他砂纸	40%	60%	
	（乙）砂布	20%	25%	
	（丙）砂轮	12.5%	15%	
	（丁）琢磨油石	12.5%	15%	
	（戊）其他	40%	60%	
379	真假贵重宝石制品（玉、玛瑙等在内）	120%	180%	
380	其他泥、土、砂、石等制品：			
	（甲）刀砂	25%	30%	
	（乙）熔制石英品	17.5%	20%	
	（丙）耐酸水泥及其他特种水泥	30%	40%	
	（丁）未列名泥、土、砂、石等制品	60%	80%	
	（四十三）石棉及其制品			
381	石棉：			
	（甲）石棉块	30%	40%	
	（乙）石棉粉	30%	40%	
	（丙）石棉纤维	30%	40%	

续表

号列	货　　名	进口税率		出口税率
		最低	普通	
382	石棉制品：			
	（甲）石棉线	30%	40%	
	（乙）石棉纸板	25%	30%	
	（丙）石棉织片及软垫（板更）	20%	25%	
	（丁）石棉压片及软垫（板更）	20%	25%	
	（戊）石棉锅炉涂料	25%	30%	
	（己）其他	25%	30%	
	（四十四）玻璃及其制品			
383	窗玻璃片：			
	（甲）普通：			
	（1）每平方公尺重不过6.10公斤者	100%	150%	
	（2）每平方公尺重过6.10公斤者	100%	150%	
	（乙）著色或有花纹者	100%	150%	
	（丙）夹金属丝者	40%	60%	
	（丁）其他	100%	150%	
384	厚玻璃片：			
	（甲）白片：			
	（1）磋边	40%	60%	
	（2）未磋边	40%	60%	
	（乙）镜片：			
	（1）磋边	40%	60%	
	（2）未磋边	40%	60%	
385	未列名玻璃片	40%	60%	
386	空玻璃瓶	100%	150%	

续表

号列	货　　名	进口税率		出口税率
		最低	普通	
387	镜子	120%	180%	
388	暖水瓶及配件：			
	（甲）整个	120%	180%	
	（乙）瓶胆等配件	120%	180%	
389	玻璃器（化学用及科学用玻璃器不在内）：			
	（甲）精制玻璃器	150%	200%	
	（乙）其他玻璃制品	100%	150%	
	（四十五）陶器、磁器			
390	陶器（瓦器及工业与卫生用磁器在内）：			
	（甲）工业用（化学及科学用磁器在内）	30%	35%	
	（乙）卫生设备用	80%	120%	
	（丙）其他	100%	150%	
391	磁器	100%	150%	

第九类　油、脂、蜡、及其制品类

号列	货　　名	进口税率		出口税率
		最低	普通	
	（四十六）矿质油及其产品			
392	原油（供提炼用，比重在摄氏20度时在0.83以上，蒸馏至摄氏150度时所含轻质分馏液在百分之三以上，及其黏度于摄氏20度时超过安氏黏度计2度者）	7.5%	10%	

续表

号列	货　　名	进口税率		出口税率
		最低	普通	
393	汽油、溶剂汽油及石油精（各种未列名发动机燃料油在内）：			
	（甲）汽油	40%	50%	
	（乙）溶剂汽油及石油精	40%	50%	
	（丙）其他	40%	50%	
394	矿质松节油	20%	25%	
395	煤油（包括其他供燃点用之矿质油，其比重为0.78至0.90者）	40%	50%	
396	柴油：			
	（甲）比重于摄氏20度时在0.83以上至0.90者，着火点（克氏测验法）在摄氏85度以上所含煤油量不过8成者	17.5%	20%	
	（乙）比重于摄氏20度时在0.90以上，着火点（克氏测验法）在摄氏85度以上所含煤油量不过8成者）	17.5%	20%	
	（丙）其他（所含煤油量在8成以上，但不超过9成9者在内）	40%	50%	
397	润滑油（矿质或半矿质）：			
	（甲）绝缘油（变压器油在内）	10%	12.5%	
	（乙）车轴油、汽缸油、透平油、红车油、空气压缩机油	10%	12.5%	
	（丙）锭子油	10%	12.5%	
	（丁）其他	10%	12.5%	
398	润滑油脂	10%	12.5%	
399	凡士林	35%	45%	

续表

号列	货　　名	进口税率		出口税率
		最低	普通	
400	石蜡（油蜡）	35%	45%	
401	未列名矿质油、脂、蜡	35%	45%	
	（四十七）植物质油、脂、蜡			
402	桐油	80%	120%	10%
403	茶油	80%	120%	
404	棉子油	80%	120%	
405	苏子油	80%	120%	
406	麻子油	80%	120%	
407	胡麻子油	60%	80%	
408	蓖麻油	80%	120%	
409	橄榄油	30%	40%	
410	柏油	80%	120%	
411	漆油（树蜡）	80%	120%	
412	椰子油	40%	60%	
413	可可脂	60%	80%	
414	未列名植物质油、脂、蜡：			
	（甲）植物质油	70%	100%	
	（乙）植物质脂、蜡	70%	100%	
	（四十八）动物质油、脂、蜡			
415	牲油	80%	120%	
416	水产动物油：			
	（甲）硬化鲸鱼油	40%	60%	
	（乙）其他	40%	60%	
417	虫蜡（白蜡）	60%	80%	

续表

号列	货　名	进口税率		出口税率
		最低	普通	
418	蜂蜡（黄白蜂蜡）	60%	80%	
419	未列名动物质油、脂、蜡	70%	100%	
	（四十九）精油（芳香油）及香精			
420	樟脑油	80%	120%	
421	八角油（茴油）	80%	120%	
422	桂皮油（桂油）	80%	120%	
423	薄荷油	80%	120%	55%
424	薄荷脑	100%	150%	55%
425	雄刈萱精油	40%	60%	
426	未列名精油及香精：			
	（甲）天然与人造精油及混合物（综合香料之成分在内）	50%	70%	
	（乙）天然与人造香精（液体或固体、浓精质、精汁或混合调味料在内）	60%	80%	
	（五十）蜡烛、肥皂、其他油、脂、蜡及其制品			
427	植物质松节油	25%	35%	
428	甘油	100%	150%	
429	斯蒂林脂（硬脂酸）	60%	80%	
430	蜡烛	100%	150%	
431	肥皂：			
	（甲）工业用肥皂（脂肪质类之硷类化合物，但硷类与高级脂酸之化合物不在内）	40%	60%	

续表

号列	货　名	进口税率		出口税率
		最低	普通	
	（乙）家用及洗衣肥皂（蓝点皂在内）散装、成条、双块	120%	180%	
	（丙）香皂（药皂在内）	150%	250%	
	（丁）其他	120%	180%	
432	其他油、脂、蜡及其制品：			
	（甲）油、脂、蜡：			
	（1）土耳其红油及其他类似之浸透剂	40%	60%	
	（2）未列名油、脂、蜡	50%	70%	
	（乙）未列名油、脂、蜡制品	80%	120%	

第十类　化学产品、药品、肥料、塑胶品、染料、颜料、涂料、化妆品及爆炸品类

号列	货　名	进口税率		出口税率
		最低	普通	
	（五十一）化学产品			
	酸			
433	硫酸：			
	（甲）发烟	40%	50%	
	（乙）其他	50%	70%	
434	盐酸	80%	100%	
435	硝酸：			
	（甲）发烟	30%	40%	
	（乙）其他	40%	60%	

续表

号列	货　名	进口税率		出口税率
		最低	普通	
436	醋酸及无水醋酸：			
	（甲）醋酸	40%	50%	
	（乙）冰醋酸	20%	25%	
	（丙）无水醋酸（醋酐）	60%	80%	
437	铬酸	17.5%	20%	
438	硼酸	20%	25%	
439	草酸	17.5%	20%	
440	石炭酸（酚）	25%	30%	
441	水杨酸（柳酸）	20%	25%	
442	未列名酸	30%	35%	
	钠化合物			
443	纯硷	50%	70%	
444	重碳酸钠（小苏打）	50%	70%	
445	氢氧化钠（烧硷）	50%	70%	
446	重铬酸钠（红矾钠）	17.5%	20%	
447	低亚硫酸钠（保险粉）	20%	25%	
448	硫酸钠	60%	80%	
449	硫化钠	60%	80%	
450	矽酸钠（泡花硷）	50%	70%	
451	过氧化钠	25%	30%	
452	重亚硫酸钠	25%	30%	
453	醋酸钠	25%	30%	
454	氰化钠	17.5%	20%	
455	硼砂、净硼砂	17.5%	20%	

续表

号列	货　名	进口税率		出口税率
		最低	普通	
456	矽氟化钠	20%	25%	
457	氯酸钠	25%	30%	
458	过硼酸钠	25%	30%	
459	未列名钠化合物	25%	30%	
	钾化合物			
460	氯酸钾（洋硝）	25%	30%	
461	氢氧化钾（苛性钾）	25%	30%	
462	重铬酸钾（红矾钾）	17.5%	20%	
463	铁氰化钾、亚铁氰化钾：			
	（甲）铁氰化钾（赤血盐）	20%	25%	
	（乙）亚铁氰化钾（黄血盐）	20%	25%	
464	氰化钾	17.5%	20%	
465	硝酸钾（硝）	25%	30%	
466	过锰酸钾	25%	30%	
467	未列名钾化合物	25%	30%	
	化学原素及气体			
468	磷：			
	（甲）赤磷	20%	25%	
	（乙）黄磷	20%	25%	
469	氧	80%	120%	
470	液体氯	80%	120%	
471	氨（无水阿莫尼亚）	80%	120%	
472	乙炔（阿西替林）	80%	120%	
473	未列名气体	17.5%	20%	

续表

号列	货　　名	进口税率		出口税率
		最低	普通	
	其他化学产品			
474	染料用中间品：			
	（甲）一氯化苯	20%	25%	
	（乙）二硝基氯化苯	20%	25%	
	（丙）二硝基甲苯	20%	25%	
	（丁）散装硝基苯	20%	25%	
	（戊）邻甲苯胺	20%	25%	
	（己）二氨基联苯	20%	25%	
	（庚）H酸	20%	25%	
	（辛）萘胺	20%	25%	
	（壬）萘酚（纳夫妥）不褪色基及不褪色盐	40%	50%	
	（癸）其他	20%	25%	
475	酒精：			
	（甲）乙醇（普通酒精）	80%	120%	
	（乙）改性酒精	60%	80%	
	（丙）甲醇或木酒精	17.5%	20%	
	（丁）杂醇油	30%	40%	
476	三氯甲烷（氯仿）	25%	30%	
477	丙酮	17.5%	20%	
478	甲醛（福美林）	25%	30%	
479	苯	80%	120%	
480	煤焦油精及其他煤膏粗蒸馏物（沥青不在内）：			

续表

号列	货名	进口税率		出口税率
		最低	普通	
	（甲）煤焦油精	80%	120%	
	（乙）其他	80%	120%	
481	苯胺（安尼林油或盐类）	20%	25%	
482	萘（臭樟脑）	40%	60%	
483	吊白粉（郎格来脱）	20%	25%	
484	间苯二酚	25%	30%	
485	橡胶促进剂及橡胶防老剂：			
	（甲）橡胶促进剂	17.5%	20%	
	（乙）橡胶防老剂	17.5%	20%	
486	次氯酸钙：			
	（甲）漂白粉	100%	150%	
	（乙）漂粉精	80%	100%	
487	铬矾	20%	25%	
488	硫酸铜（胆矾）	35%	45%	
489	硫酸亚铁（青矾）	50%	70%	
490	明矾	50%	70%	
491	碳化钙（电石）	70%	100%	
492	氯化钙	50%	70%	
493	氯化铵（硇砂）	25%	30%	
494	氯化锌	50%	70%	
495	氯化钡	25%	30%	
496	三硫化锑	50%	70%	
497	二氧化锰	50%	70%	
498	碳酸钡	30%	40%	

续表

号列	货　名	进口税率		出口税率
		最低	普通	
499	碳酸镁	50%	70%	
500	碳酸钙	50%	70%	
501	硫酸铝	25%	30%	
502	其他化学产品：			
	（甲）分析试验用之精纯化学产品	10%	12.5%	
	（乙）镭盐	10%	12.5%	
	（丙）活性碳	17.5%	20%	
	（丁）碘	20%	25%	
	（戊）未列名化学产品	25%	30%	
	（五十二）药品			
503	麻醉药品：			
	（甲）吗啡及其衍化物：			
	（1）吗啡及其盐类	100%	150%	
	（2）吗啡或其盐类之衍化物	100%	150%	
	（3）吗啡或其衍化物之混合剂及制剂	100%	150%	
	（乙）可卡硷（高根）	10%	12.5%	
	（丙）其他	100%	150%	
504	专供药用或配药用之化学品、药品（片、丸、胶壳、安瓿及其他类似之制剂不在内）：			
	（甲）植物硷类：			
	（1）奎宁及其盐类	7.5%	10%	
	（2）吐根硷	12.5%	15%	

续表

号列	货　名	进口税率		出口税率
		最低	普通	
	（3）麻黄硷	50%	70%	
	（4）咖啡硷	50%	70%	
	（5）东莨菪硷	12.5%	15%	
	（6）番木龟硷（士的年）	10%	12.5%	
	（7）其他	17.5%	20%	
	（乙）山道年	10%	15%	
	（丙）磺胺类：			
	（1）氨苯磺胺	10%	12.5%	
	（2）磺胺胍、磺胺噻唑、磺胺吡啶	17.5%	20%	
	（3）磺胺地净	25%	30%	
	（4）其他	17.5%	20%	
	（丁）解热药类：			
	（1）醋柳酸（阿斯匹灵）	20%	25%	
	（2）水杨酸钠	20%	25%	
	（3）非那西丁	20%	25%	
	（4）安替比林	20%	25%	
	（5）其他	20%	25%	
	（戊）普鲁卡因	17.5%	20%	
	（己）纯维他命	20%	25%	
	（庚）葡萄糖：			
	（1）化学纯净供注射用者	20%	25%	
	（2）其他供药用者	100%	150%	
	（辛）其他专供药用或配药用之化学品、药品：			

续表

号列	货　　名	进口税率		出口税率
		最低	普通	
	（1）对胺基水杨酸	20%	25%	
	（2）未列名药用化学品、药品	25%	30%	
505	制成药品：			
	（甲）生物制品如血清及疫苗等	100%	150%	
	（乙）奎宁或其盐类之混合剂及制剂	7.5%	10%	
	（丙）抗菌药物如青霉素（配尼西林）及其制品，链霉素等，及其同类之合成制品：			
	（1）青霉素及青霉素制品	20%	25%	
	（2）链霉素	20%	25%	
	（3）其他	20%	25%	
	（丁）砒苯氨类药物如606新阿斯凡纳明等	100%	150%	
	（戊）锑有机制剂	25%	30%	
	（己）鱼肝油：			
	（1）散装	20%	25%	
	（2）零售装	30%	35%	
	（3）制剂	35%	45%	
	（庚）麦角制剂	10%	12.5%	
	（辛）中式制药、丸、散、膏、丹等	25%	30%	
	（壬）未列名制成药品：			
	（1）经卫生部指定之特效药物	免税	免税	
	（2）其他	35%	45%	
	（五十三）化学肥料及杀虫药剂			

续表

号列	货名	进口税率		出口税率
		最低	普通	
506	硫酸铵	7.5%	10%	
507	硝酸钠（智利硝）	7.5%	10%	
508	其他化学肥料：			
	（甲）氮质肥料	7.5%	10%	
	（乙）磷质肥料	7.5%	10%	
	（丙）钾质肥料	7.5%	10%	
	（丁）其他	7.5%	10%	
509	杀虫药、杀菌剂、消毒剂及类似制剂：			
	（甲）农业用杀菌剂如“赛力散”	5%	7.5%	
	（乙）农业用杀虫剂六氯化苯	5%	7.5%	
	（丙）滴滴涕原料	5%	7.5%	
	（丁）滴滴涕制剂	10%	12.5%	
	（戊）消毒剂如“来沙尔”及类似品	30%	40%	
	（已）鱼藤根	5%	7.5%	
	（庚）除虫菊	5%	7.5%	
	（辛）其他	10%	12.5%	
	（五十四）人造树脂及塑胶制品			
510	人造树脂及塑胶材料（如块、带、条、竿、板、片、管、粉等）：			
	（甲）赛璐珞	80%	120%	
	（乙）废影片	20%	25%	
	（丙）人造角及其他干酪素塑胶料	40%	60%	
	（丁）电木母粉	20%	25%	
	（戊）电木粉	60%	80%	

续表

号列	货　　名	进口税率		出口税率
		最低	普通	
	（己）文尼来脱	40%	60%	
	（庚）玻璃司的林	40%	60%	
	（辛）其他	30%	40%	
511	未列名人造树脂及塑胶制品（半制品在内）：			
	（甲）赛璐珞制品	100%	150%	
	（乙）人造角及其他干酪素塑胶制品	80%	120%	
	（丙）电木制品	80%	120%	
	（丁）文尼来脱制品	80%	120%	
	（戊）玻璃司的林制品	80%	120%	
	（己）其他	80%	120%	
	（五十五）染料、颜料、涂料			
512	直接染料	60%	80%	
513	硫化染料：			
	（甲）硫化元	60%	80%	
	（乙）硫化蓝	60%	80%	
	（丙）其他	60%	80%	
514	酸性染料：			
	（甲）酸性金黄	70%	100%	
	（乙）其他	60%	80%	
515	盐基染料：			
	（甲）盐基金黄	70%	100%	
	（乙）其他	60%	80%	
516	媒介染料	60%	80%	

续表

号列	货名	进口税率		出口税率
		最低	普通	
517	瓮染染料：			
	（甲）人造靛：			
	（1）靛油或靛浆	50%	60%	
	（2）靛粒或干靛	50%	60%	
	（乙）其他	50%	60%	
518	颜料用染料	40%	50%	
519	生物染色剂及染料指示剂	10%	12.5%	
520	未列名染料	60%	80%	
521	碳黑（煤气黑）及其他植物质、动物质及矿物质之碳黑：			
	（甲）碳黑（煤气黑）	25%	30%	
	（乙）其他	40%	50%	
522	铅白、锌白、钛白、锌钡白：			
	（甲）铅白（调油者或不调油者）	50%	70%	
	（乙）锌白（锌氧粉）	30%	35%	
	（丙）钛白	25%	30%	
	（丁）锌钡白（立德粉）	30%	35%	
523	铬黄、铬橙：			
	（甲）铬黄	30%	40%	
	（乙）铬橙	25%	30%	
524	朱砂、银朱：			
	（甲）朱砂	50%	70%	
	（乙）银朱	60%	80%	
525	铜金粉、铝银粉：			

续表

号列	货　　名	进口税率		出口税率
		最低	普通	
	（甲）铜金粉	25%	30%	
	（乙）铝银粉	25%	30%	
526	铅红	50%	70%	
527	红氧化铁	25%	30%	
528	氧化钴	20%	25%	
529	大青或碗青	25%	30%	
530	云青或佛头青	25%	30%	
531	普鲁士蓝	25%	30%	
532	其他颜色料：			
	（甲）赭色（色土）	50%	70%	
	（乙）镉黄	25%	30%	
	（丙）锌黄	25%	30%	
	（丁）石黄	25%	70%	
	（戊）漆绿	30%	40%	
	（已）铬绿	25%	30%	
	（庚）安尼林沉淀色质	25%	30%	
	（辛）其他	25%	30%	
533	油漆、凡立水及油漆料：			
	（甲）磁漆	50%	70%	
	（乙）油漆	50%	70%	
	（丙）凡立水	50%	70%	
	（丁）硝棉漆（喷漆）	40%	60%	
	（戊）漆墙粉	50%	70%	
	（已）油漆料	30%	40%	

续表

号列	货　　名	进口税率		出口税率
		最低	普通	
	（庚）金水（磁器等著色用）	25%	30%	
	（辛）水彩画及油画颜料（小块小管等装）	60%	80%	
	（壬）其他	40%	50%	
534	各种墨：			
	（甲）印刷油墨	40%	50%	
	（乙）写字或画图用墨水或墨水粉：			
	（1）墨水	40%	50%	
	（2）墨水粉	30%	40%	
	（丙）墨锭、墨汁：			
	（1）墨锭	60%	80%	
	（2）墨汁	60%	80%	
	（丁）其他	50%	70%	
535	皮革、皮鞋、金属器及地板等之擦光料：			
	（甲）皮鞋油	50%	70%	
	（乙）其他	50%	70%	
	（五十六）化妆品			
536	牙膏、牙粉及牙水：			
	（甲）牙膏	100%	150%	
	（乙）牙粉	100%	150%	
	（丙）其他	100%	150%	
537	脂粉、香水、剃须皂、雪花膏、爽身粉、生发油及其他用于发、口及皮肤之化妆品：			

续表

号列	货　　名	进口税率		出口税率
		最低	普通	
	（甲）脂粉：			
	（1）香粉	120%	180%	
	（2）口红	120%	180%	
	（3）胭脂	120%	180%	
	（4）其他	120%	180%	
	（乙）含酒精之香水：			
	（1）花露水	120%	180%	
	（2）其他	120%	180%	
	（丙）其他化妆品	120%	180%	
	（五十七）爆炸品、火柴			
538	炸药：			
	（甲）工业用	80%	120%	
	（乙）其他	50%	70%	
539	爆竹、焰火：			
	（甲）爆竹	100%	150%	
	（乙）焰火	100%	150%	
540	安全及他种火柴	100%	150%	

第十一类　纺织纤维及其制品类

号列	货　　名	进口税率		出口税率
		最低	普通	
	（五十八）棉花、棉纱、棉布及其制品			
	棉花、棉纱、棉线、棉绳			

续表

号列	货　名	进口税率		出口税率
		最低	普通	
541	棉花	免税	免税	
542	废棉花、纱：			
	（甲）废棉花、纱	50%	70%	
	（乙）飞花	50%	70%	
543	棉胎	50%	70%	
544	棉纱：			
	（甲）本色：			
	（1）10支及以下者	40%	60%	
	（2）10支以上不过20支者	40%	60%	
	（3）20支以上不过32支者	40%	60%	
	（4）32支以上不过50支者	40%	60%	
	（5）50支以上者	40%	60%	
	（乙）其他	40%	60%	
545	棉线：			
	（甲）缝线（卷轴及卷圆锥形者）	40%	60%	
	（乙）编结线、刺绣线（成绞及成球者）	15%	17.5%	
	（丙）其他	40%	60%	
546	棉制假金银线	120%	180%	
547	棉绳、索	60%	80%	
548	棉灯芯、烛芯	60%	80%	
	棉布			
549	本色粗布、细布、市布	60%	80%	
550	本色粗细斜纹布	60%	80%	
551	本色粗细帆布	60%	80%	

续表

号列	货　名	进口税率		出口税率
		最低	普通	
552	本色绒布（平织、斜纹、单面或双面绒）	60%	80%	
553	未列名本色棉布	60%	80%	
554	漂白或染色粗细市布、竹布、标布	60%	80%	
555	漂白或染色粗细斜纹布、帆布：			
	（甲）粗细斜纹布	60%	80%	
	（乙）粗细帆布	60%	80%	
556	漂白或染色粗细哔叽、棉直贡：			
	（甲）粗细哔叽	60%	80%	
	（乙）棉直贡	60%	80%	
557	漂白或染色绉布、丝光绉地纱：			
	（甲）绉布	60%	80%	
	（乙）丝光绉地纱	60%	80%	
558	漂白或染色亚根地纱：			
	（甲）刺绣用*	12.5%	15%	
	（乙）其他	60%	80%	
559	漂白或染色棉质各种细软洋纱（细洋纱、软洋纱、稀洋纱、厚稀纱、细稀纱、轻软稀纱在内）：			
	（甲）刺绣用*	12.5%	15%	
	（乙）其他	60%	80%	
560	漂白或染色棉质府绸	60%	80%	
561	漂白或染色绒布、剪绒、回绒：			

* 如能出具保结保证确系输入专供抽纱绣花之用，并于规定期限内复运出口者，得按本号列本子目税率付税。

续表

号列	货　　名	进口税率		出口税率
		最低	普通	
	（甲）绒布	60%	80%	
	（乙）剪绒、回绒	60%	80%	
562	未列名漂白或染色棉布	60%	80%	
563	印花棉布：			
	（甲）葵通布	60%	80%	
	（乙）其他	60%	80%	
564	染纱织棉布	60%	80%	
565	工业用棉布，如水胶绒造纸机用棉毯等	20%	25%	
566	誊写布、画布：			
	（甲）誊写布	20%	25%	
	（乙）画布	40%	60%	
567	蚊帐纱、珠罗纱：			
	（甲）蚊帐纱	80%	120%	
	（乙）珠罗纱：			
	（1）刺绣用*	12.5%	15%	
	（2）其他	80%	120%	
568	针织布：			
	（甲）起绒者	80%	120%	
	（乙）未起绒者	80%	120%	
569	棉质橡胶防雨布	80%	120%	
570	未列名杂项棉布	60%	80%	

* 如能出具保结保证确系输入专供抽纱绣花之用，并于规定期限内复运出口者，得按本号列本子目税率付税。

续表

号列	货　　名	进口税率		出口税率
		最低	普通	
	棉制品			
571	破布	50%	70%	
572	手帕	80%	120%	
573	毛巾	80%	120%	
574	抽质松紧带	80%	120%	
	棉质花边、衣饰、绣花品、抽纱品、挑花品、其他装饰用品，及全部用前列各物制成之货品：			
	（甲）花边、衣饰	150%	250%	
	（乙）绣花品	150%	250%	
	（丙）抽纱品、挑花品	150%	250%	
	（丁）其他	150%	250%	
576	棉毯、线毯、床布、台布	80%	120%	
577	蚊帐	80%	120%	
578	棉布袋	80%	120%	
579	棉针织长短袜	80%	120%	
580	棉针织内衣裤（未起绒者）	80%	120%	
581	棉针织卫生衣裤（起绒者）	80%	120%	
582	未列名棉制衣服及衣著零件	80%	120%	
583	未列名棉制品	80%	120%	
	（五十九）麻、麻纱、麻布及其制品			
584	麻原料：			
	（甲）黄麻原料	15%	17.5%	
	（乙）苎麻原料	35%	45%	

续表

号列	货　　名	进口税率		出口税率
		最低	普通	
	（丙）火麻原料	35%	45%	
	（丁）苘麻原料（㯠麻或青麻）	35%	45%	
	（戊）亚麻原料	35%	45%	
	（己）吕宋麻及其他麻原料：			
	（1）吕宋麻原料	12.5%	15%	
	（2）其他	35%	45%	
585	乱麻头	50%	70%	
586	麻纱、麻线（夹棉者在内）	50%	70%	
587	麻绳（夹棉者在内）：			
	（甲）吕宋麻绳	17.5%	20%	
	（乙）黄麻绳	17.5%	20%	
	（丙）其他	50%	70%	
588	麻袋布	17.5%	20%	
589	夏布：			
	（甲）粗夏布（每公分经线不过16线）	80%	120%	
	（乙）细夏布（每公分经线过16线）	80%	120%	
590	亚麻布（夹棉者在内）：			
	（甲）刺绣用*	5%	7.5%	
	（乙）其他	80%	120%	
591	油帆布及其他麻布（夹棉者在内）：			
	（甲）油帆布	70%	100%	
	（乙）帆布	70%	100%	

* 如能出具保结保证确系输入专供抽纱绣花之用，并于规定期限内复运出口者，得按本号列本子目税率付税。

续表

号列	货　　名	进口税率		出口税率
		最低	普通	
	（丙）画布	40%	60%	
	（丁）其他麻布	70%	100%	
592	黄麻袋：			
	（甲）新	20%	25%	
	（乙）旧	20%	25%	
593	火麻袋：			
	（甲）新	40%	60%	
	（乙）旧	40%	60%	
594	麻质花边、衣饰、绣花品、抽纱品、挑花品、其他装饰用品，及全部用前列各物制成之货品：			
	（甲）花边、衣饰	150%	250%	
	（乙）绣花品	150%	250%	
	（丙）抽纱品、挑花品	150%	250%	
	（丁）其他	150%	250%	
595	未列名麻质衣服及衣著零件	100%	150%	
596	其他麻制品：			
	（甲）麻制鱼网	80%	120%	
	（乙）未列名麻制品	80%	120%	
	（六十）毛、毛线、呢绒及其制品			
597	绵羊毛：			
	（甲）未净或已净者	20%	25%	
	（乙）已梳或精梳者（长短绒毛在内）：			
	（1）超过56支者	30%	35%	

续表

号列	货名	进口税率		出口税率
		最低	普通	
	（2）其他	30%	35%	
598	山羊绒毛、山羊毛：			
	（甲）山羊绒毛：			
	（1）未净或已净者	35%	45%	
	（2）已梳或精梳者	50%	70%	
	（乙）山羊毛	50%	70%	
599	骆驼毛：			
	（甲）未净或已净者	35%	45%	
	（乙）已梳或精梳者	50%	70%	
600	废绵羊毛、山羊毛、骆驼毛（搀杂他种纤维者在内，但丝除外）：			
	（甲）废绵羊毛	20%	25%	
	（乙）其他	50%	70%	
601	未列名供纺织用兽毛	35%	45%	
602	纯毛或杂毛纱、线：			
	（甲）编结绒线	60%	80%	
	（乙）其他	80%	120%	
603	工业用呢料：			
	（甲）滚筒呢（罗拉呢）	25%	30%	
	（乙）辘纸呢	25%	30%	
	（丙）浆纱绒	25%	30%	
	（丁）其他	25%	30%	
604	纯毛或杂毛粗细哔叽、华达呢	80%	120%	
605	纯毛或杂毛礼服呢、大衣呢：			

续表

号列	货　　名	进口税率		出口税率
		最低	普通	
	（甲）每平方公尺重量不超过200公分者	80%	120%	
	（乙）每平方公尺重量超过200公分但不超过400公分者	80%	120%	
	（丙）每平方公尺重量超过400公分者	80%	120%	
606	纯毛或杂毛法兰绒	80%	120%	
607	纯毛或杂毛剪绒回绒	100%	150%	
608	纯毛或杂毛针织呢绒	80%	120%	
609	纯毛或杂毛橡胶防雨呢	80%	120%	
610	未列名纯毛或杂毛呢绒：			
	（甲）每平方公尺重量不超过200公分者	80%	120%	
	（乙）每平方公尺重量超过200公分但不超过400公分者	80%	120%	
	（丙）每平方公尺重量超过400公分者	80%	120%	
611	毛质花边、衣饰、绣花品、其他装饰用品，及全部用前列各物制成之货品：			
	（甲）花边、衣饰	150%	250%	
	（乙）绣花品	150%	250%	
	（丙）其他	150%	250%	
612	毡呢、毡套	80%	120%	
613	毛毯、车毯	100%	150%	
614	地毯	200%	300%	

续表

号列	货　　名	进口税率		出口税率
		最低	普通	
615	毡呢帽、便帽：			
	（甲）帽、便帽	100%	150%	
	（乙）帽坯	80%	120%	
616	毛织围巾、手套、袜：			
	（甲）围巾	100%	150%	
	（乙）手套	100%	150%	
	（丙）袜	100%	150%	
617	针织及编结毛质衣裤	100%	150%	
618	未列名毛质衣服及衣著零件	100%	150%	
619	未列名纯毛或杂毛制品	100%	150%	
	（六十一）丝、丝线、绸缎及其制品			
620	茧：			
	（甲）家蚕茧（同宫茧在内）	70%	100%	
	（乙）野蚕茧	70%	100%	
	（丙）烂蚕茧	70%	100%	
621	蚕丝：			
	（甲）同宫丝	100%	150%	
	（乙）白丝：			
	（1）经丝	100%	150%	
	（2）厂丝	100%	150%	
	（3）其他	100%	150%	
	（丙）黄丝：			
	（1）经丝	100%	150%	
	（2）厂丝	100%	150%	

续表

号列	货　　名	进口税率		出口税率
		最低	普通	
	（3）其他	100%	150%	
	（丁）野蚕丝	100%	150%	
622	绢纺蚕丝	100%	150%	
623	废蚕丝：			
	（甲）废丝	100%	150%	
	（乙）茧衣	100%	150%	
	（丙）乱丝绵	100%	150%	
624	人造细丝、粗丝：			
	（甲）人造丝	80%	100%	
	（乙）人造纤维如人造棉等	80%	100%	
	（丙）其他供纺织用之合成纤维	80%	100%	
625	废人造丝	80%	100%	
626	绢纺人造丝：			
	（甲）纯人造绒纱、绒线	100%	150%	
	（乙）纯人造纤维纱	100%	150%	
	（丙）其他	100%	150%	
627	丝绵	100%	150%	
628	其他纯丝或杂丝纱、线	120%	180%	
629	纯丝或杂丝假金银线	150%	250%	
630	罗底	12.5%	15%	
631	茧绸	150%	250%	
632	纯丝或杂丝针织绸缎	150%	250%	
633	纯丝或杂丝剪绒、回绒	150%	250%	
634	纯丝或杂丝橡胶防雨绸	150%	250%	

续表

号列	货　名	进口税率		出口税率
		最低	普通	
635	未列名纯丝或杂丝绸缎：			
	（甲）蚕丝	150%	250%	
	（乙）人造丝	150%	250%	
	（丙）蚕丝人造丝交织	150%	250%	
	（丁）蚕丝夹毛或夹毛及植物纤维	150%	250%	
	（戊）人造丝夹毛或夹毛及植物纤维	150%	250%	
	（己）蚕丝夹棉	150%	250%	
	（庚）人造丝夹棉	150%	250%	
	（辛）其他	150%	250%	
636	纯丝或杂丝松紧带	150%	250%	
637	丝质花边、衣饰、绣花品、其他装饰用品，及全部用前列各物制成之货品：			
	（甲）花边、衣饰	200%	400%	
	（乙）绣花品	200%	400%	
	（丙）其他	200%	400%	
638	未列名丝质衣服及衣著零件	150%	250%	
639	未列名纯丝或杂丝制品	150%	250%	
附注：本类税则号列第628，629，632至639号所列制品，包括蚕丝、人造丝、人造纤维及合成纤维制成者在内。				

第十二类 纸浆、纸、纸制品及印刷品类

号列	货　名	进口税率		出口税率
		最低	普通	
	（六十二）纸浆			
640	化学木浆	12.5%	15%	
641	机械木浆	15%	20%	
642	未列名纸浆	40%	60%	
	（六十三）纸、纸板			
643	废纸、旧报、旧杂志（只合作包皮或复制用）	15%	20%	
644	手工制纸：			
	（甲）宣纸	80%	120%	
	（乙）连史纸	80%	120%	
	（丙）其他	80%	120%	
645	普通印报纸、印书纸（大部分由机械木浆制成，白或染色，有光或无光者）：			
	（甲）卷筒标准印报纸	40%	60%	
	（乙）其他	60%	80%	
646	未列名写字纸、印刷纸（有光或无光，白或染色，有隐纹或无隐纹者，包括仿古纹纸，未上蜡铜板纸等在内）：			
	（甲）全部用化学木桨制成者	60%	80%	
	（乙）其他	60%	80%	
647	薄纱纸（白或染色，有隐纹或无隐纹之誊印纸，圣经纸，复印纸，柏乐纸在内）	50%	70%	

续表

号列	货　　名	进口税率		出口税率
		最低	普通	
648	上蜡纸（单面上蜡，双面上蜡，白或染色者，包括上蜡美术印图纸在内）：			
	（甲）美术印图纸	60%	80%	
	（乙）其他	60%	80%	
649	画图纸、钞票纸、文件纸、债券纸：			
	（甲）画图纸	60%	80%	
	（乙）钞票纸	25%	30%	
	（丙）文件纸、债券纸	60%	80%	
650	油光纸（洋毛边）（白或染色，全部或大部分用机械木浆制成者）	60%	80%	
651	羊皮纸、百加名纸、格拉新纸、防油纸，及其类似之半透明纸：			
	（甲）格拉新纸	50%	70%	
	（乙）画图蜡纸（描图纸）	25%	35%	
	（丙）其他	50%	70%	
652	“赛璐芬”纸及其同质之透明纸	60%	80%	
653	包装纸（棕色或他色，有光或无光，有隐纹或无隐纹者，包括油纸或他类防水纸在内）：			
	（甲）牛皮纸	40%	60%	
	（乙）其他	60%	80%	
654	蜡光纸、簿面花纹纸（平面或起纹形，白或染色者）	60%	80%	
655	糊墙纸、装饰纸（起纹形金属制或加花者）：			

续表

号列	货　　名	进口税率		出口税率
		最低	普通	
	（甲）糊墙纸	150%	250%	
	（乙）其他	150%	250%	
656	卷烟纸：			
	（甲）卷筒者	80%	100%	
	（乙）其他	80%	100%	
657	纸板（上蜡或未上蜡，辊线或未辊线，白或染色，有光或无光，平面或起纹形者）：			
	（甲）象牙纸板、珂罗摩纸板、勃力士多纸板（全部或一部分用化学木浆制成者）	60%	80%	
	（乙）贾古提花纸板、印模纸板、盒纸板、假革纸板、马尼剌纸板（各种层黏纸板在内）：			
	（1）贾古提花纸板	20%	25%	
	（2）印模纸板	25%	30%	
	（3）其他	60%	80%	
	（丙）平面黄纸板	60%	80%	
658	氯化锌纤维片、板、竿、管等（凡尔康反白）	20%	25%	
659	其他纸及纸板：			
	（甲）纸：			
	（1）滤纸	30%	40%	
	（2）其他	60%	80%	
	（乙）纸板	60%	80%	

续表

号列	货　　名	进口税率		出口税率
		最低	普通	
	（六十四）纸制品			
660	纸箔（纸箔制币在内）	120%	180%	
661	毛纺织用高度有光纸	25%	30%	
662	铅笔烙印假金银纸	30%	40%	
663	加减机用纸、银钱登记机用纸	80%	120%	
664	办事室用纸：如纸夹、文书纸夹、索引纸片、各种公文纸、誊写板纸及胶黏纸条纸带等	80%	120%	
665	切成之滤纸	30%	40%	
666	化学试验用纸：			
	（甲）石蕊试验纸（小册）	30%	40%	
	（乙）其他	30%	40%	
667	装水泥纸袋	25%	30%	
668	牛乳瓶纸盖	50%	70%	
669	未列名纸制品	80%	120%	
	（六十五）印刷品			
670	报及杂志	免税	免税	
671	书籍：已装订或未装订，印本或抄本	免税	免税	
672	海图、地图（暗射地图、形势地图、地球仪、教授用之标本及挂图，如教授解剖学等所用者在内）：			
	（甲）海图、地图	免税	免税	
	（乙）其他	免税	免税	
673	其他印刷品：			

续表

号列	货　　名	进口税率		出口税率
		最低	普通	
	（甲）专为革命宣传或有革命建设的教育意义之标语传单	免税	免税	
	（乙）未列名印刷品	80%	120%	

第十三类　金属及其制品类

号列	货　　名	进口税率		出口税率
		最低	普通	
	（六十六）金银条币			
674	金银条：			
	（甲）金条（金砂在内）	免税	免税	
	（乙）银条	免税	免税	
675	金银币：			
	（甲）金币	免税	免税	
	（乙）银币	免税	免税	
676	各种辅币	免税	免税	
	（六十七）贵重金属			
677	铂：			
	（甲）铂锭、条及废料碎屑	免税	免税	
	（乙）铂片、板：			
	（1）厚在0.32公分（$\frac{1}{8}''$）以下者	免税	免税	
	（2）厚在0.32公分（$\frac{1}{8}''$）或以上者	免税	免税	
	（丙）铂丝、铂网、铂坩埚：			

续表

号列	货　　名	进口税率		出口税率
		最低	普通	
	（1）铂丝	5%	7.5%	
	（2）铂网	5%	7.5%	
	（3）铂坩埚	5%	7.5%	
	（丁）其他	5%	7.5%	
678	金银：			
	（甲）金箔	40%	60%	
	（乙）其他	40%	60%	
679	贵重金属器：			
	（甲）金器	80%	120%	
	（乙）银器	80%	120%	
	（丙）其他（镀、包或镶金、银之金属器在内）	80%	120%	
	（六十八）钢铁及钢铁制材料			
	未镀锌钢铁（软钢在内）			
680	生铁	30%	40%	
681	翻砂铁器毛坯	30%	40%	
682	钢铁：大块坯、小块坯、扁坯、板坯、锭	30%	40%	
683	建筑用各式钢铁体段仍为机制原形者：			
	（甲）钉条、铁条、绞纹条、变形条：			
	（1）钉条（盘条）	35%	45%	
	（2）大型圆条、方条、扁条：直径或长边在8.89公分（$3\frac{1}{2}''$）或以上者	10%	12.5%	

续表

号列	货　　名	进口税率		出口税率
		最低	普通	
	（3）建筑用钢筋	30%	35%	
	（4）圈铁、条段截、条头	35%	45%	
	（5）其他	35%	45%	
	（乙）三角钢：			
	（1）不等边者	10%	12.5%	
	（2）大型等边者：厚在0.953公分及边宽在10.16公分（$\frac{3}{8}$″×4″×4″）或以上者	10%	12.5%	
	（3）普通等边者：厚在0.635公分及边宽在5.08公分（$\frac{1}{4}$″×2″×2″）以上至厚在0.953公分及边宽在10.16公分（$\frac{3}{8}$″×4″×4″）以下者	20%	25%	
	（4）小型等边者：厚在0.635公分及边宽在5.08公分（$\frac{1}{4}$″×2″×2″）或以下者	12.5%	17.5%	
	（丙）漕钢（水流）、丁字钢、乙字钢、工字钢及钢梁	10%	12.5%	
	（丁）其他	35%	45%	
684	钢铁片、板：			
	（甲）锅炉铁板	7.5%	10%	
	（乙）其他钢铁片、板：			
	（1）厚在0.32公分（$\frac{1}{8}$″）以下者	15%	20%	
	（2）厚在0.32公分（$\frac{1}{8}$″）或以上者	15%	20%	

续表

号列	货　　名	进口税率		出口税率
		最低	普通	
685	剪口铁（各种碎片及水流、丁字、三角等段截在内）	17.5%	20%	
686	铁箍（旧箍、箍头、碎箍在内）	25%	30%	
687	铁丝（丝段在内）	40%	60%	
688	各种铁钉及螺旋：			
	（甲）铆钉（两头钉）	70%	100%	
	（乙）铁丝圆钉	70%	100%	
	（丙）平头小钉	70%	100%	
	（丁）阳螺旋、阴螺旋、垫圈	70%	100%	
	（戊）螺旋钉	70%	100%	
	（已）其他	70%	100%	
689	钢铁管及配件：			
	（甲）铸铁管	30%	40%	
	（乙）无缝钢管	10%	12.5%	
	（丙）有缝钢管：			
	（1）内直径在5.08公分（2″），厚在0.953公分（$\frac{3}{8}$″）或以下者	12.5%	15%	
	（2）内直径在5.08公分（2″），厚在0.953公分（$\frac{3}{8}$″）以上者	10%	12.5%	
	（丁）其他管子及管子配件：			
	（1）管子	17.5%	20%	
	（2）管子配件	17.5%	20%	

续表

号列	货　　名	进口税率		出口税率
		最低	普通	
690	铁链及零件（船舶、码头及起重机等所用之重链条）：			
	（甲）新	12.5%	15%	
	（乙）旧	35%	45%	
691	铁砧、型砧：			
	（甲）铁砧	35%	45%	
	（乙）型砧	35%	45%	
692	铁锚及零件	35%	45%	
693	锻成钢铁器坯：			
	（甲）圆钢直径30公分，长1公尺以上者	12.5%	15%	
	（乙）曲轴直径在10.16公分或6个曲拐以上者	12.5%	15%	
	（丙）其他	35%	45%	
694	未列名未镀锌钢铁制材料	25%	35%	
	镀锌钢铁			
695	镀锌铁片：			
	（甲）瓦纹片	20%	25%	
	（乙）平片	20%	25%	
696	镀锌铁丝（丝段在内）	40%	60%	
697	各种镀锌铁钉及螺旋：			
	（甲）钉、铆钉（两头钉）、平头小钉、螺旋钉	70%	100%	
	（乙）阳螺旋、阴螺旋、垫圈	70%	100%	

续表

号列	货　　名	进口税率		出口税率
		最低	普通	
698	镀锌铁管及配件	15%	17.5%	
699	未列名镀锌钢铁制材料	25%	35%	
	镀锌或未镀锌钢铁及其制成材料			
700	旧铁、碎铁（只合复制用）	17.5%	20%	
701	钢丝绳：			
	（甲）新钢丝绳有麻绳心者	10%	12.5%	
	（乙）新钢丝绳无麻绳心者：			
	（1）直径在3.81公分（$1\frac{1}{2}''$）或以下者	17.5%	20%	
	（2）直径在3.81公分（$1\frac{1}{2}''$）以上者	10%	12.5%	
	（丙）旧钢丝绳	50%	70%	
702	马口铁：			
	（甲）素马口铁	20%	25%	
	（乙）花马口铁	25%	30%	
	（丙）旧或杂碎马口铁（视箱用马口铁在内）	20%	25%	
703	镀锡平头小铁钉	70%	100%	
704	镀铅锡铁皮：			
	（甲）杂碎镀铅锡铁皮	20%	25%	
	（乙）其他	20%	25%	

续表

号列	货　　名	进口税率		出口税率
		最低	普通	
705	建筑、构造用各式钢铁，不仅锻打、辊压、翻制，且已钻孔、打洞、合成、装成或配成者：			
	（甲）钢铁片、板	15%	20%	
	（乙）三角钢：			
	（1）不等边者	10%	12.5%	
	（2）大型等边者：厚在0.953公分及边宽在10.16公分（$\frac{3}{8}''\times 4''\times 4''$）或以上者	10%	12.5%	
	（3）普通等边者：厚在0.635公分及边宽在5.08公分（$\frac{1}{4}''\times 2''\times 2''$）以上至厚在0.953公分及边宽在10.16公分（$\frac{3}{8}''\times 4''\times 4''$）以下者	20%	25%	
	（4）小型等边者：厚在0.635公分及边宽在5.08公分（$\frac{1}{4}''\times 2''\times 2''$）或以下者	12.5%	17.5%	
	（丙）漕钢（水流）、丁字钢、工字钢及钢梁	10%	12.5%	
	（丁）其他	35%	45%	
	弹簧钢、工具用钢、特制钢			
706	弹簧钢：			
	（甲）弹簧钢丝	12.5%	15%	
	（乙）机车用扁片弹簧钢	12.5%	15%	
	（丙）圆弹簧钢	20%	25%	
	（丁）其他	20%	25%	

续表

号列	货　名	进口税率		出口税率
		最低	普通	
707	工具用钢、特制钢：			
	（甲）碳素工具钢	20%	25%	
	（乙）风钢（高速钢）	12.5%	15%	
	（丙）特制钢	12.5%	15%	
	（六十九）铜、铜合金及所制材料			
	紫铜			
708	紫铜锭、扁坯	5%	7.5%	
709	旧紫铜、碎紫铜（只合复制用）	5%	7.5%	
710	紫铜条、竿	7.5%	10%	
711	紫铜片、板：			
	（甲）1.219公尺×2.438公尺（4′×8′）以下者	7.5%	10%	
	（乙）1.219公尺×2.438公尺（4′×8′）或以上者	7.5%	10%	
712	紫铜丝	7.5%	10%	
713	紫铜丝绳（成绞无包皮者）	7.5%	10%	
714	各种紫铜钉及螺旋：			
	（甲）钉	40%	60%	
	（乙）平头小钉	40%	60%	
	（丙）阳螺旋、阴螺旋、铆钉、垫圈	40%	60%	
715	紫铜管	7.5%	10%	
716	未列名紫铜制材料	10%	12.5%	
	黄铜			

续表

号列	货　　名	进口税率		出口税率
		最低	普通	
717	黄铜锭	10%	12.5%	
718	旧黄铜、碎黄铜（只合复制用）	10%	12.5%	
719	黄铜条、竿：			
	（甲）直径7.62公分（3″）或以下者	25%	35%	
	（乙）直径7.62公分（3″）以上者	20%	25%	
720	黄铜片、板	15%	17.5%	
721	黄铜丝	15%	17.5%	
722	各种黄铜钉及螺旋：			
	（甲）钉	40%	60%	
	（乙）平头小钉	40%	60%	
	（丙）螺旋钉	40%	60%	
	（丁）阳螺旋、阴螺旋、铆钉、垫圈	40%	60%	
723	黄铜管	12.5%	15%	
724	未列名黄铜制材料	25%	35%	
	白铜、磷铜及其他铜合金			
725	白铜锭、条、片	30%	40%	
726	白铜丝	30%	40%	
727	未列名白铜制材料	30%	40%	
728	磷铜及其他铜合金与所制材料：			
	（甲）磷铜：			
	（1）块、锭	12.5%	15%	
	（2）丝、片	12.5%	15%	
	（乙）其他	12.5%	15%	
	（七十）其他金属、合金及所制材料			

续表

号列	货　　名	进口税率		出口税率
		最低	普通	
	铝			
729	铝粒、锭、扁坯	10%	12.5%	
730	旧铝、碎铝（只合复制用）	10%	12.5%	
731	铝片、板	25%	30%	
732	铝丝	10%	12.5%	
733	铝丝绳（皮绞无包皮者，有钢丝心者在内）	10%	12.5%	
734	铝箔：			
	（甲）素箔	70%	100%	
	（乙）色箔或花箔	70%	100%	
735	未列名铝制材料	25%	30%	
	锡			
736	锡锭、扁坯	10%	12.5%	
737	锡箔	60%	80%	
738	锡管	30%	40%	
739	未列名锡制材料	50%	70%	
	铅			
740	铅块、条	15%	17.5%	
741	旧铅、碎铅（只合复制用）	20%	25%	
742	铅片	20%	25%	
743	铅丝	20%	25%	
744	铅管	17.5%	20%	
745	未列名铅制材料	25%	30%	
	锌			

续表

号列	货　　名	进口税率		出口税率
		最低	普通	
746	锌粉、块	15%	17.5%	
747	旧锌、碎锌（只合复制用）	20%	25%	
748	锌片（有孔锌片在内）、板、锅炉板	20%	25%	
749	未列名锌制材料	25%	30%	
	锑			
750	生锑	50%	70%	
751	纯锑	50%	70%	
	镍			
752	镍条、锭、片	7.5%	10%	
753	镍丝	10%	12.5%	
754	未列名镍制材料	10%	12.5%	
	其他			
755	水银	12.5%	15%	
756	铁合金：			
	（甲）锰铁	20%	25%	
	（乙）钨铁	15%	20%	
	（丙）铬铁	7.5%	10%	
	（丁）矽铁	10%	12.5%	
	（戊）钒铁	7.5%	10%	
	（己）其他	7.5%	10%	
757	钴、钼、镉、钛	7.5%	10%	
758	乌金（巴毕脱合金等）	15%	17.5%	
759	活字金	50%	70%	
760	矽钢片	7.5%	10%	

续表

号列	货　名	进口税率		出口税率
		最低	普通	
761	钼丝、钨丝、镍铬丝	12.5%	15%	
762	包皮焊料杆、丝	20%	25%	
763	未列名金属及其所制材料：			
	（甲）金属	17.5%	20%	
	（乙）金属制材料	25%	35%	
	（七十一）金属器及金属制品			
764	铜器：			
	（甲）紫铜器、青铜器、白铜器	50%	70%	
	（乙）黄铜器	50%	70%	
765	铝器：			
	（甲）家庭及厨房用具	80%	120%	
	（乙）其他	80%	120%	
766	搪磁器：			
	（甲）面盆、碗、杯、有耳杯	100%	150%	
	（乙）卫生搪磁器（如浴盆、厕所用具等有无附属装置均在内）及他类家用搪磁器	100%	150%	
	（丙）其他	100%	150%	
767	景泰蓝器、镶金属器：			
	（甲）景泰蓝器	150%	200%	
	（乙）镶金属器	150%	200%	
768	针：			
	（甲）手工缝纫用	80%	120%	
	（乙）缝纫机用	40%	60%	

续表

号列	货　　名	进口税率		出口税率
		最低	普通	
	（丙）针织机用：			
	（1）20号以上弹簧针	12.5%	15%	
	（2）他种针织机用针	40%	60%	
	（丁）其他	40%	60%	
769	金属丝纱：			
	（甲）铁丝纱	60%	80%	
	（乙）磷铜纱	12.5%	15%	
	（丙）其他：			
	（1）工业用金属丝布	12.5%	15%	
	（2）未列名金属丝纱	60%	80%	
770	煤气灯头、煤气烹饪器、煤气暖炉、煤气灯、煤气灶、煤气烧水炉及其他同类燃煤气器具及其配件、附件	100%	150%	
	燃煤、燃油、燃酒精之火炉、烹饪器、暖管、汽炉及其他类似之器具及其配件：			
	（甲）暖管、汽炉、燃油或燃酒精取暖之火炉及其他类似之器具及其配件	100%	150%	
	（乙）其他	100%	150%	
772	金属制灯及灯器（用电及煤气者除外）：			
	（甲）矿工用安全灯	15%	17.5%	
	（乙）风灯	70%	100%	
	（丙）其他	80%	120%	

续表

号列	货　　名	进口税率		出口税率
		最低	普通	
773	金属家具（全部大部分用金属制者）：			
	（甲）办公室用卡片架、档案柜等与配件	100%	150%	
	（乙）床、椅、柜及其他金属之家具与配件	100%	150%	
774	钱箱、保险箱柜及保险库门：			
	（甲）钱箱	100%	150%	
	（乙）保险箱柜	100%	150%	
	（丙）保险库门	80%	120%	
775	金属门窗格、框	80%	120%	
776	金属容器：			
	（甲）金属桶（装石油产品等用）	10%	12.5%	
	（乙）金属筒（装压缩气体等用）	7.5%	10%	
	（丙）其他	40%	60%	
777	油囤连同配件	12.5%	15%	
778	其他金属器及金属制品（电镀或未电镀）：			
	（甲）白镴器（锡铅器）	80%	120%	
	（乙）利口器	70%	100%	
	（丙）金属瓶盖：			
	（1）未嵌软木片者	60%	80%	
	（2）嵌软木片者	50%	70%	
	（丁）未列名金属器及金属制品	60%	80%	
	（七十二）军火、武器			

续表

号列	货　　名	进口税率		出口税率
		最低	普通	
779	自卫用或打猎用枪械及子弹：			
	（甲）枪械	100%	150%	
	（乙）子弹	100%	150%	
780	未列名军火武器	100%	150%	

第十四类　机器、工作母机、工具及电气器材类

号列	货　　名	进口税率		出口税率
		最低	普通	
	（七十三）机器			
	发动机			
781	蒸汽锅炉、省热器、干汽机、机械燃煤机及锅炉间用之他种机械及其配件：			
	（甲）蒸汽锅炉：			
	（1）300匹锅炉马力或以下者	12.5%	15%	
	（2）300匹锅炉马力以上至500匹锅炉马力者	10%	12.5%	
	（3）500匹锅炉马力以上至1000匹锅炉马力者	7.5%	10%	
	（4）1000匹锅炉马力以上者	5%	7.5%	
	（乙）省热器及干汽机	7.5%	10%	
	（丙）机械燃煤机及锅炉间用之他种机械	7.5%	10%	
	（丁）配件	7.5%	10%	
782	煤气引擎、煤气发生器及其配件：			

续表

号列	货　　名	进口税率		出口税率
		最低	普通	
	（甲）煤气引擎：			
	（1）240匹马力或以下者	12.5%	15%	
	（2）240匹马力以上者	7.5%	10%	
	（乙）煤气发生器：			
	（1）200匹马力或以下者	12.5%	15%	
	（2）200匹马力以上者	7.5%	10%	
	（丙）配件	7.5%	10%	
783	汽油引擎、煤油引擎、柴油引擎及其配件：			
	（甲）汽油引擎及煤油引擎：			
	（1）200匹马力或以下者	12.5%	15%	
	（2）200匹马力以上者	7.5%	10%	
	（乙）柴油引擎：			
	（1）300匹马力或以下者	12.5%	15%	
	（2）300匹马力以上者	7.5%	10%	
	（丙）配件	7.5%	10%	
784	蒸气引擎及其配件：			
	（甲）500匹马力或以下者	12.5%	15%	
	（乙）500匹马力以上者	7.5%	10%	
	（丙）配件	7.5%	10%	
785	其他发动机及其配件：			
	（甲）水力透平、蒸气透平、透平发电机	7.5%	10%	

续表

号列	货　　名	进口税率		出口税率
		最低	普通	
	（乙）未列名发动机之连有或不连有发电机者	7.5%	10%	
	（丙）配件	7.5%	10%	
	农业机器			
786	康拜因机及其配件：			
	（甲）康拜因机	7.5%	12.5%	
	（乙）配件	7.5%	12.5%	
787	碎土机、压土机及其配件：			
	（甲）碎土机	7.5%	12.5%	
	（乙）压土机	7.5%	12.5%	
	（丙）配件	7.5%	12.5%	
788	中耕器、除草器、圆盘耙及其配件：			
	（甲）中耕器	7.5%	12.5%	
	（乙）除草器	7.5%	12.5%	
	（丙）圆盘耙	7.5%	12.5%	
	（丁）配件	7.5%	12.5%	
789	施肥机、播种机及其配件：			
	（甲）施肥机	7.5%	12.5%	
	（乙）播种机	7.5%	12.5%	
	（丙）配件	7.5%	12.5%	
790	收割机、打谷机及其配件：			
	（甲）收割机	7.5%	12.5%	
	（乙）打谷机	7.5%	12.5%	
	（丙）配件	7.5%	12.5%	

续表

号列	货　名	进口税率		出口税率
		最低	普通	
791	未列名农业机器及其配件：			
	（甲）机器	7.5%	12.5%	
	（乙）配件	7.5%	12.5%	
	工业机器			
792	采矿机器及其配件：			
	（甲）采矿机	12.5%	15%	
	（乙）配件：			
	（1）钻尖、钻杆、钻杆套筒	7.5%	10%	
	（2）其他	12.5%	15%	
793	鼓风炉、反射炉、辗压钢铁机器、轧碎机及其他有关冶金用机器及其配件：			
	（甲）鼓风炉、反射炉等	40%	60%	
	（乙）辗压钢铁机器	10%	12.5%	
	（丙）其他机器	40%	60%	
	（丁）配件：			
	（1）滚筒	10%	12.5%	
	（2）其他	20%	25%	
794	开掘油井用机器、炼油机器及其配件：			
	（甲）开掘油井用机器	7.5%	10%	
	（乙）炼油机器	7.5%	10%	
	（丙）配件	7.5%	10%	
795	纺织机器及其配件：			
	（甲）纺纱机	12.5%	15%	
	（乙）织布机：			

续表

号列	货　　名	进口税率		出口税率
		最低	普通	
	（1）棉布机	12.5%	15%	
	（2）呢绒机	12.5%	15%	
	（3）其他	12.5%	15%	
	（丙）其他纺织工业用机器	12.5%	15%	
	（丁）配件：			
	（1）制钢丝针布之钢丝及底布	7.5%	10%	
	（2）钢丝针布	12.5%	15%	
	（3）停经片	7.5%	10%	
	（4）钢丝琈、钢筘、纱管、梭子及打梭皮带	60%	80%	
	（5）其他	12.5%	15%	
796	针织机及其配件：			
	（甲）针织机	50%	70%	
	（乙）配件	50%	70%	
797	造纸机器及其配件：			
	（甲）打浆机	12.5%	15%	
	（乙）圆网造纸机	40%	60%	
	（丙）长网式（多烘缸）造纸机：			
	（1）阔度在3048公厘（120″），速度每分钟在121.92公尺（400′）或以上者	10%	12.5%	
	（2）其他	40%	60%	
	（丁）其他造纸机	40%	60%	
	（戊）配件	12.5%	15%	

续表

号列	货　　名	进口税率		出口税率
		最低	普通	
798	印刷机器及其配件：			
	（甲）印刷机器：			
	（1）高速度卷筒机（每小时印报50000份以上者）	12.5%	15%	
	（2）快速度米勒机	12.5%	15%	
	（3）其他	40%	60%	
	（乙）外文排字机	12.5%	15%	
	（丙）配件	12.5%	15%	
799	订书机器及其配件：			
	（甲）连续装订折书机	12.5%	15%	
	（乙）其他机器	40%	60%	
	（丙）配件	12.5%	15%	
800	磨制面粉机器及其配件：			
	（甲）机器	40%	60%	
	（乙）配件：			
	（1）磨面滚子	12.5%	15%	
	（2）其他	40%	60%	
801	榨制植物油机器及其配件：			
	（甲）机器	40%	60%	
	（乙）配件	40%	60%	
802	制糖机器及其配件：			
	（甲）机器	40%	60%	
	（乙）配件	40%	60%	
803	制卷烟机器及其配件：			

续表

号列	货　　名	进口税率		出口税率
		最低	普通	
	（甲）制纸烟机器	40%	60%	
	（乙）制雪茄烟机器	40%	60%	
	（丙）配件	40%	60%	
804	酿酒蒸馏机器及其配件：			
	（甲）酿酒机器	40%	60%	
	（乙）蒸馏机器	40%	60%	
	（丙）配件	40%	60%	
805	锯木厂用机器及其配件：			
	（甲）机器：			
	（1）带锯机	40%	60%	
	（2）其他	40%	60%	
	（乙）配件：			
	（1）圆盘锯	40%	60%	
	（2）带锯条	12.5%	15%	
	（3）其他	12.5%	15%	
806	工业用之电气冰箱或电气冷藏设备及其配件、附件：			
	（甲）机器及设备	20%	25%	
	（乙）配件、附件	20%	25%	
807	制造橡皮货品机器及其配件：			
	（甲）压延机（三滚筒或以上者）	12.5%	15%	
	（乙）碾胶机（密闭式）	12.5%	15%	
	（丙）加硫机器与模子（表壳式）	12.5%	15%	
	（丁）8″，6″，4″押出机	12.5%	15%	

续表

号列	货　　名	进口税率		出口税率
		最低	普通	
	（戊）裁断机（卧式）、包钢圈机	12.5%	15%	
	（己）其他机器	40%	60%	
	（庚）配件	12.5%	15%	
808	牛奶场机器及其配件：			
	（甲）挤奶器	12.5%	15%	
	（乙）蒸气消毒器	12.5%	15%	
	（丙）其他机器	40%	60%	
	（丁）配件	12.5%	15%	
809	其他工业机器及其配件：			
	（甲）机器	15%	17.5%	
	（乙）配件、附件：			
	（1）皮带扣	25%	35%	
	（2）三角皮带	40%	60%	
	（3）未列名配件、附件	15%	17.5%	
	杂项机器			
810	濬河机及其配件：			
	（甲）濬河机	7.5%	10%	
	（乙）配件	7.5%	10%	
811	起重机及其配件：			
	（甲）起重机	12.5%	15%	
	（乙）配件	12.5%	15%	
812	液体用泵（机器）及其配件：			
	（甲）水泵：			

续表

号列	货　　名	进口税率		出口税率
		最低	普通	
	（1）出水口径在279.4公厘（11″）或以下者	20%	25%	
	（2）出水口径在279.4公厘（11″）以上者	12.5%	15%	
	（乙）油泵	12.5%	15%	
	（丙）其他泵	12.5%	15%	
	（丁）配件	12.5%	15%	
813	打桩机及其配件:			
	（甲）打桩机	12.5%	15%	
	（乙）配件	12.5%	15%	
814	推土机、平土机、刨土机、挖土机、运土机及其配件:			
	（甲）推土机、平土机、刨土机、挖土机、运土机	7.5%	10%	
	（乙）配件	7.5%	10%	
815	压缩机及其配件:			
	（甲）压缩机	12.5%	15%	
	（乙）配件	12.5%	15%	
816	电气升降机及其配件:			
	（甲）升降机:			
	（1）50匹马力或以下者	20%	25%	
	（2）50匹马力以上者	12.5%	15%	
	（乙）配件	12.5%	15%	
817	缝纫机及其配件:			

续表

号列	货名	进口税率		出口税率
		最低	普通	
	（甲）缝纫机：			
	（1）电动式	25%	30%	
	（2）脚踏式	40%	60%	
	（3）其他式	40%	60%	
	（乙）配件	25%	30%	
818	办事室用机器，如自动开卖机、打字机、计算机、银钱登记机、印压机、打支票机、时日表明机、复印机、编号机、拆信机等及其配件：			
	（甲）打字机	40%	60%	
	（乙）计算机	25%	30%	
	（丙）复印机	60%	90%	
	（丁）编号机	60%	90%	
	（戊）其他办事室用机器	40%	60%	
	（己）配件	25%	30%	
819	各种轴承及其配件：			
	（甲）整个：			
	（1）珠轴承	12.5%	15%	
	（2）辗子轴承	12.5%	15%	
	（3）其他	12.5%	15%	
	（乙）配件：			
	（1）钢珠	12.5%	15%	
	（2）其他	12.5%	15%	
820	未列名杂项机器及其配件：			

续表

号列	货　　名	进口税率		出口税率
		最低	普通	
	（甲）机器	17.5%	20%	
	（乙）配件	17.5%	20%	
	（七十四）工作母机、工具			
821	车床及其配件：			
	（甲）车轮车床、动轮车床	7.5%	10%	
	（乙）其他车床：			
	（1）床面在7.62公尺（25′）或以下者	10%	12.5%	
	（2）床面在7.62公尺（25′）以上者	7.5%	10%	
	（丙）配件	7.5%	10%	
822	刨床及其配件：			
	（甲）龙门刨床：			
	（1）床面在7.62公尺（25′）或以下者	10%	12.5%	
	（2）床面在7.62公尺（25′）以上者	7.5%	10%	
	（乙）单柱刨床	7.5%	10%	
	（丙）钣边刨床	7.5%	10%	
	（丁）其他刨床	20%	25%	
	（戊）配件	7.5%	10%	
823	钻床及其配件：			
	（甲）长臂钻床：			
	（1）长臂万能钻床	7.5%	10%	

续表

号列	货　　名	进口税率		出口税率
		最低	普通	
	（2）其他	10%	12.5%	
	（乙）多轴钻床	7.5%	10%	
	（丙）其他钻床	10%	12.5%	
	（丁）配件	7.5%	10%	
824	铣床及其配件：			
	（甲）通用铣床	10%	12.5%	
	（乙）专用铣床	7.5%	10%	
	（丙）配件	7.5%	10%	
825	磨床及其配件：			
	（甲）月牙钣磨床	7.5%	10%	
	（乙）其他磨床：			
	（1）磨面半径在450公厘及床身长2公尺或以上者	7.5%	10%	
	（2）其他	20%	25%	
	（丙）配件	7.5%	10%	
826	搪床及其配件：			
	（甲）搪柱在150公厘以上者	7.5%	10%	
	（乙）搪柱在150公厘或以下者	20%	25%	
	（丙）配件	7.5%	10%	
827	插床及其配件：			
	（甲）插床	20%	25%	
	（乙）配件	20%	25%	
828	齿轮机及其配件：			

续表

号列	货　名	进口税率		出口税率
		最低	普通	
	（甲）刨齿床、滚齿床、剃齿床、磨齿床、研齿床、斜齿轮机、特种齿轮机	7.5%	10%	
	（乙）其他齿轮机	20%	25%	
	（丙）配件	7.5%	10%	
829	未列名工作母机及其配件：			
	（甲）工作母机	20%	25%	
	（乙）配件	7.5%	10%	
830	机械工具如割子、钻子、磨光锥等（用气压或电力之工具在内）及其配件：			
	（甲）电力工具：			
	（1）电钻	10%	12.5%	
	（2）锅炉管除垢机	12.5%	15%	
	（3）其他	10%	12.5%	
	（乙）气压工具	10%	12.5%	
	（丙）未列名机械工具	17.5%	20%	
	（丁）配件	10%	12.5%	
831	手工工具（全部或大部分用金属制者）及其配件：			
	（甲）农具	40%	60%	
	（乙）各种锉刀	17.5%	20%	
	（丙）锯条	15%	17.5%	
	（丁）老虎钳、手锤、螺丝起子、手铲	60%	80%	

续表

号列	货　名	进口税率		出口税率
		最低	普通	
	（戊）未列名手工工具	40%	60%	
	（七十五）电机			
832	发电机及其配件：			
	（甲）发电机电力在1000开维爱（1000K.V.A.）或以下者	15%	17.5%	
	（乙）发电机电力在1000开维爱（1000K.V.A.）以上者	7.5%	10%	
	（丙）配件	7.5%	10%	
833	电动机及其配件：			
	（甲）电动机电力在300匹马力或以下者	15%	17.5%	
	（乙）电动机电力在300匹马力以上者	7.5%	10%	
	（丙）配件	7.5%	10%	
834	变压器及其配件：			
	（甲）变压器电力在2000开维爱（2000K.V.A.）或以下者	15%	17.5%	
	（乙）变压器电力在2000开维爱（2000K.V.A.）以上者	7.5%	10%	
	（丙）配件	7.5%	10%	
835	变流机、整流器及其配件：			
	（甲）变流机	7.5%	10%	
	（乙）整流器：			
	（1）水银整流器	7.5%	10%	
	（2）其他整流器	7.5%	10%	

续表

号列	货　　名	进口税率		出口税率
		最低	普通	
	（丙）配件：			
	（1）整流灯泡	7.5%	10%	
	（2）其他	7.5%	10%	
836	未列名电机及其配件：			
	（甲）电机	10%	12.5%	
	（乙）配件	10%	12.5%	
	（七十六）电气器材			
837	无线电收音机（整个或个体）	50%	70%	
838	无线电讯交通收发报机	10%	12.5%	
839	无线电广播发送机	10%	12.5%	
840	电视机	10%	12.5%	
841	其他无线电器材：			
	（甲）发讯真空管	10%	12.5%	
	（乙）收讯真空管	12.5%	15%	
	（丙）微音器（炭粒式除外）、扬声器直径在30.48公分（12″）以上者	17.5%	20%	
	（丁）收发电容器：			
	（1）电液制，电糊制，其电压在500伏特以上者	17.5%	20%	
	（2）纸质制，其电压在1000伏特以上者；云母制，高周率或其电压在2000伏特以上者	10%	12.5%	
	（戊）晶体，电讯交通收发报机所用耗阻势差计及音量控制器	17.5%	20%	

续表

号列	货　　名	进口税率		出口税率
		最低	普通	
	（己）炭电阻，其容量在二瓦特以上，或容许偏差在百分之十以下者	10%	12.5%	
	（庚）未列名无线电器材	40%	60%	
842	载波机及传真设备	10%	12.5%	
843	有线电话器材：			
	（甲）自动电话用之选线机、交换机、接线机及终接器	10%	12.5%	
	（乙）其他电话器材	25%	30%	
844	有线电报器材：			
	（甲）电传打字机	12.5%	15%	
	（乙）其他电报器材	25%	30%	
845	绝缘电缆及电线：			
	（甲）电信电缆：电报电话用之架空、地下、海底铅包电缆（装甲者在内）：			
	（1）铅包、纱包25对或以下者	12.5%	17.5%	
	（2）铅包、纱包25对以上及长途海底电缆	12.5%	17.5%	
	（乙）电力电缆：			
	（1）电压在600伏特或以下者	40%	60%	
	（2）电压在600伏特以上但不超过3000伏特者	20%	25%	
	（3）电压超过3000伏特者	10%	12.5%	
	（丙）其他电线：			
	（1）38号（标准线规）以上细漆皮线	20%	25%	

续表

号列	货　　名	进口税率		出口税率
		最低	普通	
	（2）塑胶绝缘线	30%	40%	
	（3）皮线、花线	80%	120%	
	（4）未列名电线	80%	120%	
846	绝缘材料：			
	（甲）绝缘子：			
	（1）阻电量不超过3000伏特者	40%	60%	
	（2）阻电量超过3000伏特者	10%	12.5%	
	（乙）绝缘纸、绝缘板	25%	30%	
	（丙）绝缘布：			
	（1）黄蜡布、带、管	25%	30%	
	（2）黑胶带	40%	60%	
	（3）其他	40%	60%	
	（丁）人造云母片	25%	30%	
	（戊）绝缘胶（绝缘康磅）	35%	45%	
	（已）其他	40%	60%	
847	电气用炭精制品：			
	（甲）炭精板	10%	12.5%	
	（乙）电极：			
	（1）直径10.16公分至15.24公分（4″至6″），长度1.219公尺至1.829公尺（4′至6′）或以上者	10%	12.5%	
	（2）其他	12.5%	15%	
	（丙）炭精杆	40%	50%	
	（丁）炭精刷	30%	40%	

续表

号列	货名	进口税率		出口税率
		最低	普通	
	（戊）未列名电气用炭精制品	20%	25%	
848	电池、蓄电池、电容器及其配件：			
	（甲）电池：			
	（1）手电筒用干电池	80%	120%	
	（2）其他干电池	80%	120%	
	（3）其他电池	80%	120%	
	（乙）蓄电池及其配件：			
	（1）爱迪生式蓄电池	17.5%	20%	
	（2）其他蓄电池	80%	120%	
	（3）蓄电池用硬橡胶容器	20%	25%	
	（4）其他配件	60%	80%	
	（丙）电容器及其配件	80%	120%	
849	其他电器材料：			
	（甲）配电板、开关、灯头	80%	120%	
	（乙）其他	80%	120%	
850	电灯泡：			
	（甲）手电筒灯泡（电珠）	80%	120%	
	（乙）其他	80%	120%	
851	手电筒及其配件	80%	120%	
852	萤光灯、霓虹灯及其配件	80%	120%	
853	其他电灯及其配件：			
	（甲）矿工用安全灯及其配件：			
	（1）硷性电气安全灯及其配件	12.5%	15%	
	（2）其他	15%	17.5%	

续表

号列	货　　名	进口税率		出口税率
		最低	普通	
	（乙）未列名电灯及其配件	60%	80%	
854	家用型电气冰箱及其配件、附件：			
	（甲）整个	100%	150%	
	（乙）配件、附件	100%	150%	
855	其他电气用具及其配件：			
	（甲）电铃、电灶、电炉、电熨斗及其配件、附件	80%	120%	
	（乙）电扇及其配件、附件	80%	120%	
	（丙）理发吹风器、电烫卷发器	150%	250%	
	（丁）未列名电气用具及其配件	80%	120%	

第十五类　科学及精密器具、钟表及音乐器材类

号列	货　　名	进口税率		出口税率
		最低	普通	
	（七十七）科学仪器及精密器具			
856	天文、航海及其他科学仪器：			
	（甲）天文仪器及其配件	免税	免税	
	（乙）航海、航空仪器及其配件	免税	免税	
	（丙）测量、绘图仪器及其配件	10%	12.5%	
	（丁）矿用安全检验仪器及其配件	5%	7.5%	
	（戊）其他科学仪器、器具及其配件	10%	12.5%	
857	科学及化学试验用玻璃器	30%	40%	
858	温度计、气压表、湿度表、液体比重表及其同类仪器与配件：			

续表

号列	货　名	进口税率		出口税率
		最低	普通	
	（甲）温度计：			
	（1）高温计	5%	7.5%	
	（2）工业用其他温度计	12.5%	15%	
	（3）一般家庭用气温计	60%	80%	
	（乙）气压表	12.5%	15%	
	（丙）湿度表	12.5%	15%	
	（丁）液体比重表	12.5%	15%	
	（戊）其他	12.5%	15%	
859	煤气表、水表、电流表、电压表、电力表及其他类似之计量器及其配件：			
	（甲）普通家用水表	50%	70%	
	（乙）其他	12.5%	15%	
860	秤、天平及其配件或附件：			
	（甲）天平，平量（感应度）在五千分之一公分以下者	12.5%	15%	
	（乙）其他	60%	80%	
861	未列名计度计量器	12.5%	15%	
862	爱克司光机及其配件：			
	（甲）爱克司光机	5%	7.5%	
	（乙）爱克司光照相片	7.5%	10%	
	（丙）配件及附件	5%	7.5%	
863	各种注射用针及针管：			
	（甲）注射针	20%	25%	
	（乙）注射针管	60%	80%	

续表

号列	货　　名	进口税率		出口税率
		最低	普通	
864	外科、牙科及其他医疗器材：			
	（甲）牙科器材：			
	（1）手术用具及其配件	20%	25%	
	（2）镶牙、补牙等用材料	30%	45%	
	（乙）医药及卫生用药棉、纱布、绷带等	70%	100%	
	（丙）医用体温计	40%	50%	
	（丁）未列各医疗及整形器材	20%	25%	
865	眼镜及其配件：			
	（甲）眼镜片：			
	（1）未磨	25%	35%	
	（2）已磨	35%	45%	
	（乙）眼镜架及配件	50%	70%	
	（丙）整副眼镜：			
	（1）太阳镜	60%	80%	
	（2）其他	60%	80%	
866	显微镜、望远镜及类似之光学镜及其配件：			
	（甲）显微镜及其配件	5%	7.5%	
	（乙）望远镜及其配件：			
	（1）双筒望远镜及其配件	25%	30%	
	（2）其他望远镜及其配件	25%	30%	
	（丙）未列名光学镜片	12.5%	15%	
867	各种照相机及配件、附件：			

续表

号列	货　名	进口税率		出口税率
		最低	普通	
	（甲）整个照相机：			
	（1）照相制版机、影印制版机	10%	12.5%	
	（2）其他	60%	80%	
	（乙）配件：			
	（1）照相制版机及影印制版机配件、附件	10%	12.5%	
	（2）其他照相机镜头	40%	50%	
	（3）未列名配件、附件	60%	80%	
868	照相器材及制品（化学品不在内）：			
	（甲）未曝光底片：			
	（1）硬片	60%	80%	
	（2）软片	40%	60%	
	（乙）感光纸（蓝晒纸在内）	60%	80%	
	（丙）其他	80%	120%	
869	电影摄制机、放映机及其配件、附件：			
	（甲）摄制电影机及其配件、附件：			
	（1）16公厘片摄影机	25%	30%	
	（2）35公厘片摄影机	30%	40%	
	（3）其他	30%	40%	
	（乙）电影放映机（包括幻灯在内）及其配件、附件：			
	（1）16公厘片放映机	25%	30%	
	（2）35公厘片放映机	30%	40%	
	（3）其他	30%	40%	

续表

号列	货　名	进口税率		出口税率
		最低	普通	
870	电影摄制及放映器材与制品：			
	（甲）未曝光之电影片：			
	（1）16公厘者	12.5%	15%	
	（2）35公厘者	20%	25%	
	（3）其他	20%	25%	
	（乙）已曝光未冲洗之电影片：			
	（1）16公厘者	12.5%	15%	
	（2）35公厘者	20%	25%	
	（3）其他	20%	25%	
	（丙）已冲洗之电影片：			
	（1）免费放映之教育性电影片（教育专用）	免税	免税	
	（2）普通电影片	12.5%	15%	
	（丁）幻灯片（教育专用）	免税	免税	
	（戊）其他	30%	40%	
	（七十八）钟表			
871	钟：			
	（甲）整个：			
	（1）电钟	80%	120%	
	（2）巡更钟	40%	60%	
	（3）其他钟	80%	120%	
	（乙）未装配之零件：			
	（1）发条	20%	25%	
	（2）其他	60%	80%	

续表

号列	货　　名	进口税率		出口税率
		最低	普通	
872	各种怀表、手表及其他表：			
	（甲）其壳饰有珠宝，或其全部或其大部分系铂、金、青金、银制成者	100%	150%	
	（乙）其壳系包、夹或镀铂、金、青金、银者	30%	40%	
	（丙）其他	30%	40%	
873	表壳及其他表零件：			
	（甲）表壳：			
	（1）饰有珠宝，或其全部或其大部分系铂、金、青金、银制成者	100%	150%	
	（2）系包、夹或镀铂、金、青金、银者	30%	40%	
	（3）其他	30%	40%	
	（乙）其他未装配之零件	25%	30%	
	（七十九）乐器			
874	钢琴、风琴及其配件：			
	（甲）钢琴及其配件	50%	70%	
	（乙）风琴及其配件	60%	80%	
875	管弦乐器、其他乐器及其配件：			
	（甲）管弦乐器及其配件	50%	70%	
	（乙）口琴及其配件	60%	80%	
	（丙）其他乐器及其配件	50%	70%	
876	无线电收音留声联合机、无线电收音录音留声联合机等及其配件：			

续表

号列	货　名	进口税率		出口税率
		最低	普通	
	（甲）无线电收音留声联合机及其配件：			
	（1）整个	100%	150%	
	（2）配件	80%	120%	
	（乙）其他：			
	（1）整个	100%	150%	
	（2）配件	80%	120%	
877	磁性录音机、递达风及其配件：			
	（甲）整个	30%	40%	
	（乙）配件	30%	40%	
878	留声机及其配件：			
	（甲）整个	100%	150%	
	（乙）配件	80%	120%	
879	各种录音片、唱片：			
	（甲）教育用语言录音片	免税	免税	
	（乙）其他	80%	120%	

第十六类　运输器材类

号列	货　名	进口税率		出口税率
		最低	普通	
	（八十）空中运输器材			
880	飞机、飞艇及其他有推动机配备之航空器材：			

续表

号列	货　　名	进口税率		出口税率
		最低	普通	
	（甲）飞机、飞艇等：			
	（1）飞机	5%	7.5%	
	（2）飞艇	5%	7.5%	
	（3）其他	5%	7.5%	
	（乙）零件及附件	5%	7.5%	
881	汽球、滑翔机、降落伞等无推动机配备之航空器材：			
	（甲）汽球、滑翔机、降落伞等：			
	（1）汽球	5%	7.5%	
	（2）滑翔机	5%	7.5%	
	（3）降落伞	5%	7.5%	
	（4）其他	5%	7.5%	
	（乙）零件及附件	5%	7.5%	
	（八十一）水路运输器材			
882	汽船、机动船、马达船等及其未列名零件与材料：			
	（甲）汽船、机动船、马达船等（挖泥船、破冰船、渔轮等在内）	免税	免税	
	（乙）未列名零件与材料	10%	12.5%	
883	拖轮及其未列名零件与材料：			
	（甲）拖轮	免税	免税	
	（乙）未列名零件与材料	10%	12.5%	
884	未列名船舶及其零件与材料：			
	（甲）船舶	12.5%	15%	

续表

号列	货　　名	进口税率		出口税率
		最低	普通	
	（乙）未列名零件与材料	10%	12.5%	
	（八十二）铁道及电车运输器材			
885	枕木	12.5%	15%	
886	钢枕	10%	12.5%	
887	钢轨（轨道上所用鱼尾板、道钉、阳螺旋、阴螺旋在内）：			
	（甲）每公尺重30公斤或以下者	10%	12.5%	
	（乙）每公尺重30公斤以上者	7.5%	10%	
888	铁道岔道、转车台	7.5%	10%	
889	机车、煤水车：			
	（甲）蒸汽机车	5%	7.5%	
	（乙）电气机车	5%	7.5%	
	（丙）其他	5%	7.5%	
890	铁道用之客车、货车：			
	（甲）油罐车	5%	7.5%	
	（乙）其他	7.5%	10%	
891	有轨电车、无轨电车	10%	12.5%	
892	铁道或电车用之其他材料：			
	（甲）铁道用机车、客车、货车用轮箍、轮心、车轴及辗钢轮	7.5%	10%	
	（乙）铁道用未列名材料	10%	12.5%	
	（丙）电车用未列名材料	10%	12.5%	
	（八十三）其他运输器材			
893	马达拖拉机、牵引车、拖车：			

续表

号列	货名	进口税率		出口税率
		最低	普通	
	（甲）农业用拖拉机	7.5%	10%	
	（乙）牵引车	7.5%	10%	
	（丙）拖车	20%	25%	
	（丁）油柜拖车	10%	12.5%	
894	马达卡车：			
	（甲）载重1公吨以下之马达卡车	25%	30%	
	（乙）载重1公吨或以上之马达卡车	20%	25%	
	（丙）马达油柜车	10%	12.5%	
895	马达长途客车（容12座以上者）	25%	30%	
896	马达旅行车	30%	40%	
897	马达救护车	7.5%	10%	
898	马达轿车及其他座车	60%	80%	
899	机器脚踏车：			
	（甲）不附边车者	25%	30%	
	（乙）附边车者	25%	30%	
900	未列名马达车辆	40%	60%	
901	马达车底盘及金属车身：			
	（甲）卡车或长途客车底盘：			
	（1）载重1公吨以下者	25%	30%	
	（2）载重1公吨或以上者	20%	25%	
	（乙）其他车底盘	25%	30%	
	（丙）已装成之金属车身	40%	60%	
902	马达车零件及附件（车轮胎除外）：			
	（甲）机器脚踏车零件、附件	20%	25%	

续表

号列	货　　名	进口税率		出口税率
		最低	普通	
	（乙）其他	15%	20%	
903	各种救火机车、救火器及其他救火机件及其零件、附件：			
	（甲）救火机车及其零件：			
	（1）救火机车	免税	免税	
	（2）零件、附件	5%	7.5%	
	（乙）救火器：			
	（1）灭火弹	80%	120%	
	（2）手用化学消防器	80%	120%	
	（3）其他	80%	120%	
904	脚踏车及零件、附件（车轮胎除外）：			
	（甲）整部脚踏车（自行车）	60%	80%	
	（乙）零件、附件	40%	60%	
905	未列名车辆及其零件（车轮胎除外）：			
	（甲）整部车辆	60%	80%	
	（乙）零件、附件	60%	80%	

第十七类　杂货类

号列	货　　名	进口税率		出口税率
		最低	普通	
	（八十四）文具、美术作品、古玩			
906	文具：			
	（甲）自来水笔	80%	120%	

续表

号列	货　　名	进口税率		出口税率
		最低	普通	
	（乙）铅笔	60%	80%	
	（丙）钢笔头	80%	120%	
	（丁）毛笔	80%	120%	
	（戊）其他	80%	120%	
907	美术作品，如图画、油画、电板、造像、雕刻与摹仿、复写或重制者：			
	（甲）革命导师的画像及具有革命导师画像的美术图画重制品	免税	免税	
	（乙）具有革命建设的教育意义者	免税	免税	
	（丙）其他	40%	50%	
908	古物及古玩：			
	（甲）古物	50%	70%	
	（乙）古玩（仿制者在内）	150%	250%	
	（八十五）运动用具、玩具			
909	足球、篮球、排球	80%	120%	
910	垒球、网球及其用具	80%	120%	
911	未列名运动用器具	80%	120%	
912	玩具及游戏品	100%	150%	
	（八十六）钮扣			
913	金属制钮扣：			
	（甲）普通金属制：			
	（1）揿扣	80%	120%	
	（2）其他	80%	120%	
	（乙）贵重金属制	100%	150%	

续表

号列	货　　名	进口税率		出口税率
		最低	普通	
914	磁或玻璃制钮扣：			
	（甲）磁制	100%	150%	
	（乙）玻璃制	100%	150%	
915	骨、角、螺钿制钮扣：			
	（甲）骨制	80%	120%	
	（乙）角制	80%	120%	
	（丙）螺钿制	80%	120%	
916	象牙果制钮扣	80%	120%	
917	人造塑胶制钮扣	100%	150%	
918	未列名钮扣	80%	120%	
	（八十七）扇、伞			
919	扇：			
	（甲）葵扇	80%	120%	
	（乙）纸扇	80%	120%	
	（丙）其他	100%	150%	
920	伞、御日伞：			
	（甲）伞：			
	（1）油纸伞	80%	120%	
	（2）布伞	100%	150%	
	（3）其他	100%	150%	
	（乙）零件及附件	80%	120%	
	（八十八）化妆用具、装饰用材料、装饰品及首饰			
921	化妆用具（梳、刷等类）	100%	150%	

续表

号列	货　　名	进口税率		出口税率
		最低	普通	
922	修指甲用全副用具及零件、粉扑、粉盒、梳妆盒	120%	180%	
923	人造花：			
	（甲）纸花	120%	180%	
	（乙）通草花	120%	180%	
	（丙）其他	120%	180%	
924	珍珠：			
	（甲）真珍珠	120%	180%	
	（乙）假珍珠	120%	180%	
925	玳瑁、珊瑚、琥珀及其制品：			
	（甲）玳瑁	100%	150%	
	（乙）珊瑚	100%	150%	
	（丙）琥珀	100%	150%	
	（丁）玳瑁、珊瑚及琥珀制品	120%	180%	
926	未列名装饰用材料及制品（洋镜片、铜箔绠、铜箔线、金属制装饰零件等在内）	100%	150%	
927	未列名首饰及装饰品	100%	150%	
	（八十九）其他杂货			
928	漆器	100%	150%	
929	蚊香、神香：			
	（甲）蚊香	100%	150%	
	（乙）神香	120%	180%	
930	衣箱、提箱、旅行袋、公文包、手提包、首饰盒等：			

续表

号列	货　　名	进口税率		出口税率
		最低	普通	
	（甲）手提包、首饰盒	100%	150%	
	（乙）其他	80%	120%	
931	吸烟用杂货	100%	150%	
932	工业用笔：			
	（甲）印染工业用标志笔	25%	30%	
	（乙）其他	30%	40%	
933	霉菌培养物	7.5%	10%	
934	机器带及蛇管：			
	（甲）机器带	25%	30%	
	（乙）金属制蛇管	20%	25%	
	（丙）其他	30%	40%	
935	假皮布、油布及其制品：			
	（甲）假皮布	80%	120%	
	（乙）油布	80%	120%	
	（丙）假皮布及油布制品：	100%	150%	
936	列诺伦（油漆布）及其他未列名地衣品	120%	180%	
937	杂项建筑材料：			
	（甲）油毛毡	35%	45%	
	（乙）其他	40%	60%	
938	未列名印刷及石印材料	25%	35%	
939	以上各号列未包括之货品：			
	（甲）原料或非制品	40%	60%	
	（乙）半制品及制成品	80%	120%	

税则注释

一、凡液体或其他物品于混合后报运进口或出口，而海关不易确定其所含各种物质之数量及价值时，除税则内已有规定者外，应全部按照其所含各种物质中税率最高者征税。

二、本税则第五类所称为轻木者，系指各种针叶刺叶之树木如松树、杉树、桧树、落叶松树、柏树、水松树、杜松树、扁柏树等。凡阔叶之树木，皆列作重木。

三、棉制匹头或针织布中，如含有他种纤维，而其成份按重不超过5%者，其税则分类不受影响。

麻制匹头及针织布，包括搀杂棉者在内，如含有其他纤维而其成份按重不超过5%者，其税则分类不受影响。

毛制匹头及针织呢绒，包括搀杂棉或麻者在内，如含有其他纤维而其成份按重不超过5%者，其税则分类不受影响。

丝制匹头及针织绸缎，包括搀杂他种纤维者在内。

四、棉、麻、毛、丝制品，如用与其本身相异之他种材料缝制、滚边、锁边、或镶边者，其税则分类不受影响。

五、由棉或毛及按重超过5%的人造丝制成之交纺纱，应归入绢纺人造丝类征税。如所含人造丝之重量为5%或以下者，仍按棉纱或毛纱征税。

六、由棉或毛及按重在50%或以上的人造绒线，或无光人造纤维，或其他供纺织用之无光合成纤维制成之混纺纱，应归入人造绒线类征税。如所含人造绒线，或无光人造纤维，或其他供纺织用之无光合成纤维之重量在50%以下者，则按棉纱或毛纱征税。

海关进出口税则修订表

本表是税则公布施行以来至1951年12月底止先后由海关总署报经政务院财政经济委员会核准修订的条文及税率。

号列	货　名	进口税率		出口税率
		最低	普通	
215	橡胶轮胎：			
	（甲）汽车轮胎（30×5以下者）：			
	（一）内胎	60%	80%	
	（二）外胎	60%	80%	
	（三）整套	60%	80%	
	（乙）汽车轮胎（30×5至32×6）：			
	（一）内胎	40%	60%	
	（二）外胎	40%	60%	
	（三）整套	40%	60%	
	（丙）汽车轮胎（34×7或以上者）：			
	（一）内胎	30%	40%	
	（二）外胎	30%	40%	
	（三）整套	30%	40%	
	（丁）脚踏车（自行车）轮胎：			
	（一）内胎	80%	120%	
	（二）外胎	80%	120%	
	（三）整套	80%	120%	
	（戊）其他内外轮胎：			
	（一）内胎	80%	120%	
	（二）外胎	80%	120%	
	（三）整套	80%	120%	
502	其他化学产品：			
	（甲）分析试验用之精纯化学产品	10%	12.5%	
	（乙）镭盐	10%	12.5%	
	（丙）活性炭	17.5%	20%	

续表

号列	货　名	进口税率		出口税率
		最低	普通	
	（丁）碘	20%	25%	
	（戊）百布顿	7.5%	10%	
	（已）未列名化学产品	25%	30%	
546	棉制假金银线：			
	（甲）制造电话线用	40%	60%	
	（乙）其他	120%	180%	
770	燃煤气器具及其配件、附件：			
	（甲）煤气灯头、煤气烹饪器、煤气暖炉、煤气灯、煤气灶、煤气烧水炉及其他同类燃煤气器具	100%	150%	
	（乙）配件及附件：			
	（一）煤气灯纱罩及经化学处理之纱罩丝统纱统	50%	70%	
	（二）其他	100%	150%	
772	金属制灯及灯器（用电及煤气者除外）：			
	（甲）矿工用安全灯	15%	17.5%	
	（乙）风灯	70%	100%	
	（丙）助航设备所用乙炔标灯等	12.5%	15%	
	（丁）其他	80%	120%	

16. 中华人民共和国海关进出口税则暂行实施条例

（1951年5月4日政务院第八十三次政务会议批准
1951年5月10日政务院公布　自5月16日起施行）

第一条　凡经准许进出中华人民共和国国境之货物，除中央人民政府政务院另有规定者外，均应按照中华人民共和国暂行海关法及海关进出口税则，由海关机关征收进口税或出口税。

第二条　凡税则内未列有品名的货物，应由海关按照最适合的税则号列归类。

第三条　进出口货物，应按其申报进口或出口日施行的税则税率征税。

进口货物到达前，经海关核准先行申报者，应按照运输工具申报进口日施行的税则税率征税。

第四条　进口货物的税率，分为普通税率与最低税率。凡自与中华人民共和国没有贸易互利条约或协定的国家购运的进口货物，应按普通税率征税。其自与中华人民共和国有贸易互利条约或协定的国家购运的进口货物，应按最低税率征税。

邮递物品，适用本条的规定。

旅客行李中应税之进口物品，得按最低税率征税。

第五条　进口货物，应以该货运抵我国的到岸价格为完税价格。本条所称到岸价格，系指货物在采购地的正常批发价格，加上出口税，运抵我国输入地点起卸前的包装费、运费、保险费、手续费等一切费用，经海关审查确定者。

其由陆路输入我国之货物，于计算完税价格时，所有应加之运费等，应计算至该货运抵我国国境为止。

第六条 如进口货物在采购地的正常批发价格，海关未能确定时，其完税价格，应以申报进口时国内输入地点的平均批发市价减去进口费用及营业费用作为计算根据。除应完货物税的货物，应扣除货物税外，其计算公式如下：

$$\frac{\text{国内批发市价}\times 100}{100+\text{进口最低税率}+20}=\text{完税价格}$$

倘国内批发市价仍未能确定，或交易有特殊情形时，其完税价格，由海关估定之。

第七条 申报人送递进口报单时，应一并缴验货物的真正发票（如有厂家发票，应附在内）、包装清单和其他有关证件。该项发票等，应载明该货售与进口商的真实价格，连同运费、保险费和其他各费，并由进口商证明确实无讹，另抄录副本送关存查。倘货物于报关前业已售出，并应缴验真实合同。

第八条 出口货物的完税价格，为该货售与国外的离岸价格除去出口税，经海关审查确定者。本条所称售与国外的离岸价格，应以实际结汇的价格或易货合同的价格作为计算根据。

出口货物完税价格的计算公式如下：

$$\frac{\text{售与国外的离岸价格}\times 100}{100+\text{出口税率}}=\text{完税价格}$$

其由陆路输往国外之货物，应以该货出离国境的离岸价格除去出口税，为完税价格。

如上述离岸价格未能确定时，其完税价格，由海关估定之。

第九条 申报人送递出口报单时，应一并缴验货物的真正发票、合同和其他有关证件，并另抄录副本送关存查。

第十条 进出口货物完税价格根据外币计算者，应由海关按照中国人民银行买卖外汇牌价酌定平均数折合人民币。其无牌价的外币，得由海关按照中国人民银行决定的汇率折合计算之。

第十一条 海关审核进出口货物完税价格时，对于申报人所缴验的发票、合同等证件，有权决定采用与否。并得于必要时，检查买卖双方的有关文件簿据，从事一切调查。即对于业经完税放行的货物，海关仍得检查其有关文件簿据。

第十二条 如申报人于送递报单时未将发票、合同等证件缴验，应按照海关估定的完税价格完税。

第十三条 税则的解释，货物在税则上的归类，和完税价格的审定，其权限属于海关。受（发）货人或其代理人有异议时，得自海关填发税款缴纳证的次日起十四天内，依海关规定格式，填具申诉书，向关提出申诉。凡未依规定程序提出者，概不受理。

第十四条 海关接到上项申诉书后，应于七天内将该案重行审核，并得变更原决定。如认为应予维持原决定时，应于接到原申诉书后十四天内加具意见，呈请海关总署审理。

受（发）货人或其代理人对变更之决定仍不服时，应于接到变更决定通知之日起7天内，向海关提出再申诉。海关应于接到再申诉书后7天内加具意见，转报海关总署审理。

海关总署接到海关呈转之申诉书或再申诉书后，除有特殊情形者外，应于20天内予以审理决定，并制成决定书发由原海关送达申诉人。无法送达时，应公告之。海关总署的决定为最后决定。

第十五条 在申诉案件未决定前，经受（发）货人或其代理人的申请，海关得准其缴纳保证金，将货物先予放行。该项保证金，须足敷应纳税款的全数和海关所核定的其他加征款项。

第十六条 本条例由中央人民政府政务院公布施行。

17.城市房地产税暂行条例

（1951年8月8日政务院公布）

第一条　城市房地产税，除另行规定者外，均依本条例之规定，由税务机关征收之。

第二条　开征房地产税之城市，由中央人民政府财政部核定，未经核定者，不得开征。

第三条　房地产税由产权所有人交纳，产权出典者，由承典人交纳；产权所有人、承典人不在当地或产权未确定及租典纠纷未解决者，均由代管人或使用人代为报交。

第四条　下列房地产免纳房地产税：

一、军政机关及人民团体自有自用之房地。

二、公立及已立案之私立学校自有自用之房地。

三、公园、名胜、古迹及公共使用之房地。

四、清真寺、喇嘛庙本身使用之房地。

五、省（市）以上人民政府核准免税之其他宗教寺庙本身使用之房地。

第五条　下列房地产得减纳或免纳房地产税：

一、新建房屋自落成之月分起，免纳三年房地产税。

二、翻修房屋超过新建费用二分之一者，自工竣月分起，免纳二年房地产税。

三、其他有特殊情况之房地，经省（市）以上人民政府核准者，减纳或免纳房地产税。

第六条　房地产税依左列标准及税率，分别计征：

一、房产税依标准房价按年计征，税率为百分之一。

二、地产税依标准地价按年计征，税率为百分之一点五。

三、标准房价与标准地价不易划分之城市，得暂依标准房地价合并按年计征，税率为百分之一点五。

四、标准房地价不易求得之城市，得暂依标准房地租价按年计征，税率为百分之十五。

第七条 前条各种标准价格，依左列方法评定：

一、标准房价，应按当地一般买卖价格并参酌当地现时房屋建筑价格分类、分级评定之。

二、标准地价，应按土地位置及当地繁荣程度、交通情形等条件并参酌当地一般买卖价格分区、分级评定之。

三、标准房地价，应按房地坐落地区，房屋建筑情况并参酌当地一般房地混合买卖价格分区、分类、分级评定之。

四、标准房地租价，应按当地一般房地混合租赁价格分区、分类、分级评定之。

第八条 房地产税得按季或按半年分期交纳，由当地税务机关决定之。

第九条 凡开征房地产税之城市，均须组织房地产评价委员会，由当地各界人民代表会议及财政、税务、地政、工务（建设）、工商、公安等部门所派之代表共同组成，受当地人民政府领导，负责进行评价工作。

第十条 房地产评价工作，每年进行一次，如原评价格在下年度经房地产评价委员会审查，认为无重评必要时，得提请当地人民政府批准延长评价有效期限。

前项评价结果或延长有效期限，均由当地人民政府审定公告之。

第十一条 纳税义务人应于房地产评价公告后一个月内将房地坐落、房屋建筑情况及间数、面积等，向当地税务机关申报，如产权人住址变更、产权转移或房屋添建、改装，因而变更房地价格者，并应于变更、转移或工竣后十日内申报之。

免税之房地产，亦须依照前项规定，办理申报。

第十二条 税务机关应设置房地产税查征底册，绘制土地分级地图，根据评价委员会之评价结果及纳税义务人之申报，分别进行调查、登记、核税，并开发交款通知书，限期交库。

纳税义务人对房地产评价结果，如有异议时，得一面交纳税款，一面向评价委员会申请复议。

第十三条 纳税义务人不依第十一条规定期限申报者，处以五十万元以下之罚金。

第十四条 纳税义务人隐匿房地产不报或申报不实，企图偷漏税款者，除责令补交外，并处以应纳税额五倍以下之罚金。

第十五条 前两条所列违章行为，任何人均得举发，经查实处理后，得以罚金百分之二十至三十奖给举发人，并为保守秘密。

第十六条 不按期交纳税款者，除限日追缴外，并按日处以应纳税额百分之一的滞纳金。逾限三十日以上不交税款，税务机关认为无正当理由者，得移送人民法院处理。

第十七条 房地产税稽征办法由省（市）税务机关依本条例拟定，报请省（市）人民政府核准实施并层报中央人民政府财政部税务总局备案。

第十八条 本条例公布后，各地有关房地产税之单行办法一律废止。

第十九条 本条例自公布之日施行。

18. 车船使用牌照税暂行条例

（1951年9月13日政务院批准　同日政务院公布）

第一条　凡在开征车船使用牌照税之地区行驶车、船者，均依本条例之规定，向税务机关交纳车船使用牌照税。

第二条　原纳吨税（船钞）之本国船舶，一律改征车船使用牌照税，不再交纳吨税；但外国船舶及外商租用中国船舶，仍征吨税，不纳车船使用牌照税。

第三条　车船使用牌照税征收地区，由省（市）人民政府拟定，报请大行政区人民政府（军政委员会）核准开征，并转送中央人民政府财政部备案；中央直属省（市）报请中央人民政府财政部核准开征。

第四条　应纳车船使用牌照税之车、船使用人，须向所在地税务机关申请登记、纳税，领取车船使用牌照及完税证。

前项车船使用牌照及完税证，由省（市）税务机关制发。

第五条　车船使用牌照税按季（一、四、七、十月）征收。当地税务机关为便利纳税人交纳，得改按半年或一年合并征收。

第六条　下列各种车、船，免纳车船使用牌照税：

一、郊区农民自用的车、船。

二、载重量不超过一吨的渔船。

三、军政机关、公私立学校及人民团体自有自用的车、船。

四、专供上下客货及存货的趸船、浮桥用船。

五、经当地交通管理机关证明报由税务机关核准停驶、拆毁的车、船。

六、消防车、洒水车、救护车、救护船、垃圾车、垃圾船及义渡船。

上列一、二、三、六各款免税之车、船，其使用人须向所在地税务机关申请登记，领取免税牌照并交纳牌照工本费。

第七条 车辆使用牌照税税额如下：

类别	项　目	计税标准	每季税额	备　注
机动车	乘人汽车	每辆	150000元至800000元	
	载货汽车	按净吨位每吨	40000元至150000元	
	机器脚踏车	二轮者每辆	50000元至150000元	
		三轮者每辆	80000元至200000元	
非机动车	兽力驾驶者	每辆	10000元至80000元	
	人力驾驶者	每辆	3000元至60000元	包括三轮车黄包车及其他人力拖行车辆
	脚踏车	每辆	5000元至10000元	

第八条 船舶使用牌照税税额如下：

类别	计税标准	每季税额	备　注
机动船	50吨以下	每吨3000元	按净吨位计征
	51吨至150吨	每吨3500元	按净吨位计征
	151吨至300吨	每吨4000元	按净吨位计征
	301吨至500吨	每吨4500元	按净吨位计征
	501吨至1000吨	每吨5500元	按净吨位计征
	1001吨至1500吨	每吨6500元	按净吨位计征
	1501吨至2000吨	每吨8000元	按净吨位计征

续表

类别	计税标准	每季税额	备　注
机动船	2001吨至3000吨	每吨9500元	按净吨位计征
	3001吨以上	每吨11000元	按净吨位计征
非机动船	10吨以下	每吨1500元	按载重吨位计征
	11吨至50吨	每吨2000元	按载重吨位计征
	51吨至150吨	每吨2500元	按载重吨位计征
	151吨至300吨	每吨3000元	按载重吨位计征
	301吨以上	每吨3500元	按载重吨位计征

附注：第七条、第八条二表税额均按人民币计算。

第九条　车船使用牌照税税额，除船舶依照规定税额按吨计征外，车辆由省（市）人民政府在前条规定税额范围内，根据当地具体情况，车辆种类，载重量及使用性质拟定适用税额，报请大行政区人民政府（军政委员会）核准实施，并转送中央人民政府财政部备案；中央直属直（市）报请中央人民政府财政部核准备案。

第十条　凡已纳税领取牌照之车、船，在牌照有效期间内行驶另一地区，不得重征或补征差额。

第十一条　未开征车船使用牌照税地区之车、船，经常往来开征地区时，须向开征城市之税务机关交纳车船使用牌照税；非经常来往之车、船，经当地区、乡（村）以上人民政府证明者免征。

第十二条　车船使用牌照不得转卖、赠送、借用或逾期使用。如车、船所有权转移时，在有效期间内，准继续使用，不另纳税，亦不退税。

第十三条　车船使用牌照如有毁损或遗失时，应报请原发机关补发牌照，在有效期间内，不另纳税。

第十四条　车船使用牌照应按规定装置于车、船的明显易见之处，以便检查。

第十五条 违章行为之处罚，规定如下：

一、不按规定手续办理申报、登记、纳税、领照者，除限期纳税、领照外，并处以应纳税额三倍以下之罚金；

二、违反本条例第十二、十三、十四各条规定之一者，分别处以人民币十万元（按：系旧币）以下之罚金；

三、不按规定期限交纳税款者，除限日追缴外，按日处以应纳税额百分之一的滞纳金。

第十六条 车船使用牌照税稽征办法，由省（市）税务机关拟定，报请省（市）人民政府核准实施，并呈报中央人民政府财政部税务总局备案。

第十七条 本条例公布后，各地有关使用牌照税之单行办法，一律废止。

第十八条 本条例自公布之日施行。

19. 北京市人民政府在“五反”运动中关于工商户分类处理的标准和办法

（1952年3月8日政务院第一百二十七次政务会议批准
1952年3月11日政务院公布）

一、守法户

迄未发现有任何违法行为，本人也具结保证无违法行为，经审查结果估计无问题者。对于这类工商户的处理办法，即给以守法户通知书。

二、基本守法户

（甲）根据本人坦白具结及政府已有材料证明，其违法所得（主要是偷漏税，或小额偷工减料）总额未满二百万元，经审查结果估计纵有隐瞒，问题不大而又性质不恶劣者。

（乙）违法所得总额超过二百万元，但情节轻微，并彻底坦白者。

对于以上两种工商户的处理办法，其违法所得总额未满二百万元者，一般免退，少数情节较重者酌退一部；其违法所得总额超过二百万元者，只令其退出超过部分；并均给以基本守法户处理通知书。

三、半守法半违法户

（甲）偷税漏税、盗骗国家资材、偷工减料等违法所得总额超过二百万元，其违法行为除使国家、人民直接遭受经济损失以外，无其他严重危害作用者。

（乙）情节虽较严重，但在“五反”中已彻底坦白并立功赎罪者。

对于以上两种半守法半违法户的处理办法是“补退不罚”，并给以半守法半违法户处理通知书。

四、严重违法户

（甲）偷税漏税、盗骗国家资财、偷工减料等违法所得数量较大又有严重危害作用者，或虽无严重危害作用，但拒不坦白者。

（乙）完全违法户，但尚非罪大恶极，且已彻底坦白，并有立功表现者，得减轻其处罚，列入本类工商户。

对于以上两种严重违法户的处理办法，除令其退出违法所得外，并按情节酌处罚金。

五、完全违法户（即极严重违法户）

（甲）对于国家社会建设事业（特别是国防军事设施），或人民安全有极严重危害作用的盗窃犯。

（乙）集体盗窃案的组织者和大盗窃犯。

（丙）借盗窃国家经济情报牟利，使国家人民遭受极严重损失，或有其他特别恶劣的犯罪行为者。

（丁）有严重违法行为，拒不坦白或抗拒运动者。

对于以上四种完全违法户的处理办法，应予法办，除令其退出违法所得外，并按其情节从重处以罚金，或判徒刑，最重者可判死刑，并没收其财产的一部或全部。

六、关于行贿行为的处理

除在公平交易中的小额回扣或被勒索而无违法所得不应认为行贿者以及虽属行贿但情节轻微者外，其他凡有行贿行为者，应按其情节处以罚金。拒不坦白者，应加重其罚金。情节特别严重者，应加重处刑。

七、关于违法行为的追算期限

偷税漏税、偷工减料两项违法所得，一般只补退一九五一年的，一九五一年以前的免予补退。但拒不坦白及情节特别严重者，得酌情令其补退一年半或二年，二年半或三年。其他各项违法行为和违法所得，一般自中华人民共和国成立之日即一九四九年十月一日算起。惟隐匿侵吞敌伪财产，应自日本投降之日算起。其中隐匿侵吞敌伪财产的数量不大，并对国家无严重危害作用者，可以不予追究。

20.受灾农户农业税减免办法

（1952年8月14日政务院公布）

第一条 凡农作物因水、旱、风、雹、病、虫及其他灾害而致歉收的受灾农户，应依本办法减免其农业税。

第二条 受灾农户的农业税，依该户全年全部农作物歉收成数，分别减征或免征。

歉收成数，系指受灾农户全年全部因灾歉收的产量占常年应产量的成数。

第三条 受灾农户依其受灾轻重，分为下列五等，减免农业税：

一等灾户——歉收六成以上者，免征全部应交税额；

二等灾户——歉收五成以上不到六成者，减征应交税额的七成；

三等灾户——歉收四成以上不到五成者，减征应交税额的五成；

四等灾户——歉收三成以上不到四成者，减征应交税额的三成半；

五等灾户——歉收二成以上不到三成者，减征应交税额的二成半。

歉收不到二成者，不予减免。

第四条 夏季作物因灾歉收者，在夏征时，得酌情缓征一部或全部，俟秋征时，再按夏、秋两季歉收的产量合并算出全年歉收成数，依前条规定分别减免之。

第五条 连续受灾二年以上的地区，为照顾农民生活和生产的困难，除按受灾农户当年歉收成数，依第三条规定予以减免外，并得由省（市）人民政府根据灾区实际情况，报请大行政区人民政府（军政委员会或行政委员会）批准，提高减征成数或全部免征。

第六条 同等土地、同类作物，遭受同样和同等程度的灾害，应按同一歉收成数计算。其因积极抗灾而减轻受灾程度者，仍照同一歉收成数计算，不降低其减免成数；如因怠于抗灾而致灾情加重者，亦应照同一歉收成数计算，不提高其减征成数。

第七条 受灾农户应据实向乡（村）人民政府申报灾情，由乡（村）农业税调查评议委员会进行调查评议，造具受灾农户歉收清册，报送县（市）人民政府。县（市）人民政府接到清册后，应即进行审核并派员查勘，将结果电报省人民政府。省人民政府于必要时得派员覆勘。

第八条 灾歉情况调查完毕后，由县（市）人民政府或大行政区辖市人民政府依本办法第三条及第五条规定，算出各受灾农户减免的税额后，分别填发减免证。受灾农户持证向指定粮库或机关抵交税额。

前项减免证的印制、填发及保管办法，由省（市）人民政府订定之。

第九条 县（市）人民政府应于每年年终时，将灾歉减免情况造具统计表，报送省人民政府，由省人民政府汇编统计表四份，报大行政区人民政府（军政委员会或行政委员会）核转中央人民政府政务院、内务部、财政部备查。

中央直辖市、大行政区辖市应由该市区人民政府造具统计表报送市人民政府，由市人民政府按照前项规定办理。

第十条 政府人员匿灾不报，或勘报不实者，应酌予处分；农户虚报灾情者，除查明纠正外，并得按逃避农业税的规定，酌处罚金。

第十一条 各大行政区人民政府（军政委员会或行政委员会）如因情况特殊，得根据本办法的精神，参照当地情况，另订补充办法，报请中央人民政府政务院批准施行。

第十二条 本办法自中央人民政府政务院公布之日施行。

21. 商品流通税试行办法

（1952年12月26日政务院第一百六十四次政务会议批准
1952年12月31日政务院财政经济委员会公布）

第一条 本办法所列商品，不论本国产制或国外输入，除另行规定者外，均依本办法缴纳商品流通税。

第二条 已纳商品流通税的商品，行销全国，不再缴纳其他各税，亦不得征收附加；但有下列情况者，应分别依照规定办理：

一、应纳商品流通税的商品（以下简称应税商品）如出入国境时，仍应按关税章则办理；

二、经营应税商品的企业，除国营者外，其所得额仍应照章缴纳所得税；

三、已税商品经加工制成另一种商品者，应依规定另行纳税；

四、应税商品的废料、下脚及副产品，未列入本税范围者，应照其他各税规定办理。

第三条 商品流通税的减免，须经中央人民政府财政部批准，地方政府不得以任何方式减税或免税。

第四条 商品流通税从价或从量计税，其税目、税率规定如附表。

税目税率的增减、调整，由中央人民政府财政部报请政务院财政经济委员会核准后公布施行。

第五条 应税商品的计税价格规定如下：

一、本国产制在国内销售或外国产制报运进口者，依纳税地国营商业机构牌价计税；

二、本国产制在国外销售者，依离岸价格计税。

第六条 商品流通税的计算方法如下：

一、从价计税者，以应税商品的税率乘其计税价格即为应纳税额；

二、从量计税者，以应税商品的每单位税额乘其纳税数量即为应纳税额。

第七条 商品流通税的纳税义务人及纳税环节规定如下：

一、工矿企业产制应税商品，由国营商业机构出售者，以国营商业机构在产地所设批发机构、收购机构或接货机构为纳税义务人，于商品第一次批发或调拨时纳税；

二、工矿企业产制应税商品，自行出售或自行加工、使用者，以该工矿企业为纳税义务人，于商品出厂或移送加工、使用部门时纳税；

其自设批发机构出售者，得以其产地所设批发机构为纳税义务人，于商品第一次批发或调拨时纳税；

三、采购应税农林、畜牧产品者，以采购人为纳税义务人，于商品集中起运时纳税；

四、由国外进口的应税商品，以报运进口人为纳税义务人，于商品报运进口时由海关代收商品流通税。

第八条 商品流通税的缴纳，应根据纳税义务人的不同情况，分为按次、按日或按期缴纳。

第九条 商品流通税由纳税义务人依照规定自行计算，并在中国人民银行开立账户划拨应纳税款。

划拨结算纳税确有困难经税务机关核准者，得以现金缴纳。

第十条 纳税义务人不依规定期限缴纳税款，税务机关得通知中国人民银行，按前期实纳税额百分之一百二十先行扣缴，再凭结算，并按滞纳日数加收5‰的滞纳金。

第十一条 凡产制、批发、采购或进口应税商品的企业及其分支机构，均应于开业前，持凭工商管理机关注册证件副本及已在当地中国人民银行开立账户的证件，并填具税务登记表四份，向当地市、县税务机关办理登记。

第十二条 凡经营应税商品的企业，均应建立健全的会计制度，将各种应税商品的产、购、销、存情形分类记账；其兼营非应税商品者，并应分立账簿。

第十三条 凡产制应税商品的厂、矿及应纳本税的企业机构，均应依照规定期限向主管税务机关报送年度、季度产销纳税计划，并按月报送纳税情况报告表。

第十四条 凡产制应税商品的厂、矿及应纳本税的企业机构，订定或变动应税商品牌价时，应先报告当地市、县税务机关。企业主管部门研究变动应税商品价格时，应通知税务机关参加。

第十五条 凡产制应税商品的厂、矿及应纳本税的企业机构，均应建立护税组织，保证依法纳税，并指定专人负责与税务机关联系；税务机关应经常检查其有关纳税情形，并得派专责人员驻企业内执行职务。不论公私企业，均应负责提供有关材料，并主动地予以协助。

第十六条 凡有下列违章、违法行为者，其处罚规定如下：

一、不按规定办理登记、报告及其他有关纳税手续者，处以人民币五百万元以下的罚金，并限十日内补办手续；

二、私制、私运、私销或以其他方式偷税、漏税者，处以所漏税额一至十倍的罚金，或没收其偷税、漏税商品的一部或全部；情节严重者，得罚没并处；

偷税、漏税商品除没收部分外，仍应照规定补税；

三、抗不缴税、拒绝检查、包揽走私、伪造或损毁有关纳税凭证、戳记及一贯偷漏屡教不改者，除偷税、漏税部分依前款处罚外，并得送人民法院处理。

第十七条 前条违章、违法行为，任何人均得举发并协助税务机关追查，经查实处理后，得在罚金或没收品变价的百分之三十范围内，酌情提给奖金。

第十八条 协助税务工作确有成绩及正确履行纳税义务堪称模范者，税务机关得报请当地人民政府予以奖励。

第十九条 本办法之施行细则，由中央人民政府财政部另定之。

第二十条 本办法自一九五三年一月一日起施行。

商品流通税税目、税率表

项别	目别	税率
卷烟	机制卷烟、半机制卷烟、手工制卷烟	甲级 66% 乙级 64% 丙级 62% 丁级 60%
薰烟叶	薰烟叶	45%
酒	配制酒	55%
	白酒、黄酒	50%
	泡制酒、土甜酒、漏水酒、果木酒	35%
	药酒	30%
	啤酒	定额
	普通酒精	50%
	改性酒精	20%
麦粉	机制麦粉、半机制麦粉	10%
皮毛	各种兽皮	20%
	羊毛、羊绒、驼毛、驼绒、马鬃、马尾、羽毛	10%
	猪鬃	16%
棉纱	本色棉纱、烧茸棉纱、人造棉棉纱	22%
火柴	安全火柴、硫化磷火柴	21%
唱片	唱片	20%
酸	硫酸、硝酸、盐酸、醋酸、氯磺酸	10%
硷	碳酸钠、苛性钠、苛性钾、硫化钠	12%
化学肥料	肥田粉	7%
盘纸	盘纸	18%
报纸	报纸	10%

续表

项　别	目　　别	税　率
轮胎、轮带	各种轮胎、轮带	9%
原木	原木	10%
水泥	水泥	20%
平版玻璃	平版玻璃	17%
有色金属	钨砂、锑、锡、铜	10%
生铁	生铁	5%
钢材	钢材	7%
焦炭及其副产品	焦炭	7%
	炼焦副产品	13%
矿物油及其副产品	各种矿物油及其副产品	13%

22.政务院关于解放前银钱业未清偿存款给付办法

（1953年1月9日政务院第一百六十六次政务会议通过
1953年2月20日公布）

一、在全国范围内之银钱业，包括伪中央银行、中国农民银行、中央信托局、中央储蓄会、中央合作金库、各省、市、县银行、前中国银行、交通银行、邮政储金汇业局、私营银行、银庄、信托公司、外商银行、万国储蓄会，所有尚未清偿之解放前存款，悉依本办法规定给付之。

二、本办法所指解放前时期，系指国民党反动政府统治时期。按各个时期金融变化情况，又划分为下列三个阶段：

（一）一九三七年十二月三十一日以前为第一阶段；

（二）一九三八年一月一日至一九四八年八月十八日止为第二阶段；

（三）一九四八年八月十九日至解放前止为第三阶段。

三、解放前存款之给付均以本金为限，不计利息。

四、第一阶段定期存款（包括定期储蓄存款）依所附各年偿还标准表及第一、二阶段存款偿还金额计算表折算给付，活期存款（包括活期储蓄存款）按同表折算偿还金额后八折给付。

第二阶段定期存款（包括定期储蓄存款）依所附各年偿还标准表及第一、二阶段存款偿还金额计算表折算给付，活期存款（包括活期储蓄存款）按同表折算偿还金额后八折给付。

第三阶段定期存款（包括定期储蓄存款）活期存款（包括活期储蓄存款）均按各地解放时人民解放军军事管制委员会公布之伪币兑换人民币的第一次牌价折算之。

五、解放前存款之给付得依照所附登记办法在本办法公布后十日办理登记，登记期满后，开始偿付。

六、解放前存款得在登记期满后，按照后列规定给付：

（一）凡存款金额在“法币”二百元以下者，一律给付现金。

（二）凡存款金额在“法币”二百元以上一千元以下者，除二百元部分给付现金外，其超过部分，给付中国人民银行六个月期定期定额储蓄存单，作为储蓄存款，照章给息。

（三）凡存款金额在“法币”一千元以上者，除一千元以内部分，按第二项办理外，其超过部分，给付中国人民银行一年期定期定额储蓄存单，作为储蓄存款，照章给息。

私营银行、钱庄、外商银行得提供保证，领用人民银行定期定额储蓄存单，依照上项规定，办理给付。

七、解放前存款已清结部分不得追溯退补。

八、银钱业如有未清收之解放前放款，得适用本办法规定之标准计算。

九、停业清理或产不抵债之银钱业解放前存款得依照私营企业条例有关有限公司之规定由主管机关监督一次清偿。

十、在香港及国外存入之“法币”存款，得依照所附登记办法在广州办理登记，期满后按本办法第六条规定在广州给付。

十一、解放前人寿保险得由中国人民保险公司参照本办法另定标准清理之。

十二、解放前未解侨汇得适用本办法定期存款标准办理清偿。

十三、解放前国内未解汇款得适用本办法活期存款标准办理清偿。

十四、凡地方货币如滇、川、桂、晋币及广毫等未转“法币”之存款，得由当地中国人民银行参照当年当地比价订出给付标准，报中央人民政府政务院核准后办理给付。

十五、凡日寇银行及汉奸政府伪银行之存款一律不予清偿。

十六、国民党反动政府通过伪行局会发行之“节约建国储金”、“节约建国储蓄券”、“特种有奖储蓄券”、“美金节约建国储蓄券”、“乡镇公益储蓄券”等，属于公债性质，一律不予清偿。

十七、凡属于官僚资本、战犯、汉奸、反革命分子所有之解放前存款，银钱业应即检举列报当地中国人民银行，经法院核定没收者汇缴国库。

十八、本办法公布实施后，如存户逾一年期限不支取者，应由银钱业列表移转中国人民银行汇缴国库。

十九、本办法由中国人民银行监督执行。

二十、本办法自公布日施行。

附表二：甲、乙。

附件：解放前银钱业未清偿存款登记办法

各年偿还标准表

（附表甲）

年别	全国物价平均指数	伪币币值下降折扣（基数100/各年平均指数）	偿还标准（伪币每元折合人民币的算法：银元牌价为人民币12500元 × 各年伪币下降折扣）
1937	基数100	100%	12500
1938	131	76.34%	9543
1939	220	45.45%	5681
1940	513	19.49%	2436
1941	1296	7.72%	956
1942	3900	2.56%	320
1943	12936	0.77%	96.25
1944	43197	0.23%	28.75
1945	163160	0.06%	7.50
1946	379600	0.026%	3.25
1947	2710750	0.0037%	0.46
1948/8	126932224	0.00008%	0.01

第一、二阶段（1937—1948/8）存款偿还金额计算表

（附表乙）

第一级	1—200	偿付	200元	×	偿还标准	×	偿还递减率	100%=第一级	偿还金额
第二级	201—300	同	100元	×	同	×	同	90%=第二级	同
第三级	301—400	同	100元	×	同	×	同	80%=第三级	同
第四级	401—500	同	100元	×	同	×	同	70%=第四级	同
第五级	501—600	同	100元	×	同	×	同	60%=第五级	同
第六级	601—700	同	100元	×	同	×	同	50%=第六级	同
第七级	701—1000	同	300元	×	同	×	同	40%=第七级	同
第八级	1001—2000	同	1000元	×	同	×	同	30%=第八级	同
第九级	2001—5000	同	3000元	×	同	×	同	20%=第九级	同
第十级	5001以上	同	（存款数—5000）	×	同	×	同	10%=第十级	同

注：定存按各级偿还金额偿付；活存按各级偿还金额八折偿付。

解放前银钱业未清偿存款登记办法

一、凡解放前在全国范围内银行钱庄所存各种存款，一律进行登记。

二、登记项目：（一）存款地点；（二）存款年月日；（三）存据号码；（四）存款户名；（五）存款金额；（六）存款种类（包括定期存款、活期存款及各种储蓄）；（七）存款人住址（包括以前和现在住址）；（八）存款人职业（包括以前和现在职业）。

三、凡存款在伪中央银行、中国农民银行、中央信托局、中央储蓄会、中央合作金库以及各省、市、县银行者，得向原存款地方中国人民银行申请登记。存款在前中国银行、交通银行、邮政储金汇业局者，均向原存款地方各该行局进行登记（如原有机构业已撤销，得由各该行局商请当地中国人民银行代为登记）。存款在私营银行、钱庄、信托公司、外商银行、万国储蓄会，以及停业清理行庄者，一律向原存款地方各该行庄或其清理处进行登记（如原地方机构业已缴销，得由各该总行庄派人至当地办理登记），但如存款人已离开原存款地方迁居他埠时，得说明理由并将所持折据邮寄原地方进行登记。

四、凡存款在香港及国外各银行者，得在广州原存款银行进行登记。

五、自本办法公布后十日起，以三个月为期办理登记。

六、凡用堂名、记名，不能证明其确为自己所有之存款，须经所在地管理户籍机关证明其身份及觅具妥保方得进行登记。

七、凡折据不全者，如不能觅具妥保及经其所在地管理户籍机关之证明者，一律不予登记。

23. 关于安徽、河南、江苏、山东、山西等省遭受灾荒地区减免税收办法

（1953年5月23日政务院公布）

一、灾民以救济粮、救济金所经营生产自救的营利事业，经区、乡人民政府证明者，可在灾区以内免纳营业税、所得税。

二、灾民贩运灾区产品至非灾区销售，持有区、乡人民政府所开给的临时灾民运销证者，减半征收临时商业税。

三、灾民组织之车、船、畜力运输，持有区、乡人民政府灾民免税证明者，免纳运输业临时商业税及车船使用牌照税。

四、灾区农民以自产油料粮，委托油坊代榨或以粮换油者，其自用部分，经区、乡人民政府证明，可免纳货物税。

五、灾民在灾区内买卖牲畜，免纳交易税。

六、粮食公司和合作社之基层组织接受政府指定任务，低价供给灾区种籽者，免纳营业税。

七、本办法应在某些县、市地区施行，由各省民政部门与省税务局商定，报经省人民政府核准后通知有关税务局办理。免征期限，按各地灾荒及生产救济的具体情况，由各该省人民政府酌定。

24. 国营企业、合作社经营粮食纳税简化办法

（1955年6月23日国务院批准　1955年7月7日财政部发布）

一、为了简化国营企业、合作社经营商品粮食（包括细粮、粗粮、油粮）的纳税手续，将粮食的货物税、营业税合并征收，特制定本办法。

二、国营企业、合作社经营的商品粮食，除麦粉仍照征商品流通税外，不分品种，一律依照本办法纳税。

经财政部特准免税的粮食，如果改作商品粮出售时，仍然应当依照本办法纳税。

三、粮食的货物税、营业税合并征收后，税率定为4%，一律按照当地统销牌价计税；无统销牌价时，可按当地国营企业或合作社零售牌价计税。所收税款用货物税科目缴库。

进口、出口的粮食，除依照本办法按合并征收的4%的税率纳税外，原来应当交纳的2%的营业税仍应照旧交纳，并改用货物税科目缴库。

四、粮食的货物税、营业税合并征收后的纳税环节：国营企业、合作社经营的粮食，在收购、调运、保管、加工时不纳税；改为在原粮或者成品粮销售后，由零售单位的上一级领导机构连同本身销售的粮食汇总纳税。加工后其成品不属于本办法纳税范围的粮食，除磨制麦粉的小麦，榨油的油粮外，均于移送加工部门时纳税。

五、纳税期限：各地税务机关可根据纳税单位应当交纳税款的多少，分别规定三天、五天、十天汇总计算应当交纳的税款，在规定期限届满后三天内缴库。

六、纳税手续：国营企业、合作社的纳税单位，应当依照销售

汇总报单所列的销售数量、金额，自行计算税款的数额，自填缴款书，向当地人民银行办理缴库手续。

七、国营企业、合作社调拨的粮食，一律凭调出单位拨货使用的单证运行，税务机关不再办理查验手续。

八、国营企业、合作社的纳税单位，应当依照规定编送年度、季度粮食纳税计划，在年度开始两个月前和季度开始十天前分别报送当地税务机关，计划变更时应当通知税务机关更正。

九、国营企业、合作社的纳税单位，应于每月终了后五天内，编送纳税情况月报表，报送当地税务机关查核。

十、本办法实行后，所有以前颁布的有关国营企业、合作社经营商品粮食的各项纳税规定凡是和本办法有抵触的，不再适用。

十一、非国营企业、合作社经营的粮食纳税和管理办法，仍然依照原来的规定办理不变。

25. 手工业合作组织交纳工商业税暂行办法

（1955年11月1日财政部发布）

第一条 为配合国家对手工业进行社会主义改造，在税收上给予新组织起来的手工业适当优待，以鼓励手工业合作事业的发展，特依据工商业税暂行条例第七条制定本办法。

第二条 手工业合作管理部门批准成立并向当地税务机关备案的手工业生产合作社、手工业生产合作社联合社、手工业供销生产社、手工业供销生产小组、手工业生产小组（以下简称手工业合作组织），应当一律依照本办法交纳工商业税。

手工业合作组织交纳工商业税的适用税率，按照工商业税暂行条例和关于这个条例的各项修正规定（以下简称条例和有关规定）办理。

第三条 新成立的手工业合作组织，应当依照下列规定分别给予减税或者免税的优待：

一、手工业生产合作社，自开工生产的月份起，营业税减半交纳一年，所得税减半交纳两年。营业税自第二年起按照条例和有关规定交纳；对个别经营仍有困难的合作社，经市、县人民委员会批准后，可在应纳营业税税额的20%的范围以内酌情再给予一定期间的减税优待。所得税自第三年起按照条例和有关规定交纳。

二、手工业生产合作社联合社、手工业供销生产社、手工业供销生产小组、手工业生产小组，自开工（开业）的月份起，第一年营业税减征20%，所得税减半交纳；自第二年起，按照条例和有关规定交纳。

三、对于某些人数多、产值低和经营有困难的手工业生产合作社或手工业生产小组，在它们成立后的第一年内，如果每一社（组）的营业收入额或者收益额，以每个社（组）员平均计算，尚不满当地私营小型工商业户交纳工商业税起征点的月份，可以免纳营业税。此项优待，可由当地手工业合作管理部门提出，经税务机关批准执行。已满起征点的月份，仍然应当依照前两项的规定交纳营业税。

四、边远山区、少数民族地区新成立的手工业生产合作社，营业税可在一年、所得税可在两年的期限以内，由省、自治区人民委员会根据具体情况规定比本条第一项上半段较高的优待标准。自第二年起，对于经营仍有困难的合作社，经省、自治区人民委员会批准后，可在应纳营业税税额的50%的范围以内，酌情再给予一定期间的减税优待。所得税自第三年起按照条例和有关规定交纳。

五、边远山区、少数民族地区的手工业生产合作社联合社、手工业供销生产社、手工业供销生产小组、手工业生产小组，可以适用比本条第二项较高的减税优待。但减税比率应当低于当地的手工业生产合作社。

本条各项减税、免税优待期限的计算，以自开工（开业）的月份起至第十二个月月终为一年。

第四条　手工业生产合作社成立后，应当根据下列生产上的不同情况，分别比照小型工业或大型工业纳税标准交纳工商业税：

一、在成立后的第一年内，一律按小型工业的规定依商业税率交纳营业税。

二、成立满一年后，对于发展为机器生产的合作社，一律按大型工业的规定依工业税率加商业税率交纳营业税。

三、成立满一年后，如有（1）仍然没有发展为机器生产的；（2）已发展为机器生产，但经营上尚有困难的；（3）虽然没有发展为机器生产，但已经具有一般工厂规模的合作社，究竟应该按大型工业或者小型工业交纳营业税，可由市、县税务机关会同手工业合作管理部门在不影响同业机器生产的原则下提出意见，报请当地人民委员会核定。

第五条 手工业合作管理部门批准合并或改组、并向税务机关备案的手工业合作组织，自合并或改组的月份起，应当依照下列规定交纳工商业税：

一、组与社合并后，以社为主，组与组、社与社合并后，以大组、大社为主，由市、县税务机关会同手工业合作社管理部门提出尚须减税的范围和期限，报请当地人民委员会核定。

二、手工业供销生产社、手工业供销生产小组、手工业生产小组改组为手工业生产合作社后，可自改组的月份起，依照本办法第三条第一、三、四项的有关规定办理。

三、手工业合作组织核定减税后，在减税期限内它的组织成员如有增减变化，对于原来核定的减税范围和期限都不变更。

第六条 手工业生产合作社联合社或手工业供销生产社所属的加工厂，应当依照一般工厂纳税的规定交纳工商业税。

第七条 手工业供销生产社的社员或手工业供销生产小组的组员，以自己的产品交社（组）销售，或接受供销生产社的委托加工，利润为自己所有，应当依照小型工商业户纳税的规定交纳工商业税。

第八条 手工业合作组织经营的行业，如果省、市或自治区人民委员会认为不需要发展的，应当依照条例和有关规定交纳工商业税，不给予本办法规定的减税、免税优待。

第九条 手工业合作组织相互间销售产品或以产品售给供销、消费合作社等单位，应当交纳营业税。但手工业生产合作社联合社、手工业供销生产社将购进的原料售给手工业生产合作社（组），或者上、下级手工业生产合作社联合社间拨售的原料，都不交纳营业税。

第十条 手工业合作组织应当交纳的营业税，须在每月终了后十日以内，根据结算的营业额计算，向当地税务机关申报交纳；所得税应当在季度终了后十五日以内，按季度决算的实际利润额核计交纳，并在年终办理汇算清交。

第十一条 手工业合作组织，依照本办法得到的减税、免税数额，应当全部作为社（组）内的公积金，不分配给社（组）员。

第十二条 本办法发布后，过去有关手工业合作组织的纳税规定与本办法有抵触的，一律废止。

第十三条 各省、市和自治区税务机关，可根据本办法及有关税法拟订具体执行办法，报请同级人民委员会核准实行，并报上一级税务机关备查。

26. 财政部、林业部关于农业生产合作社培育树苗收入免纳农业税的规定

（1956年4月2日）

为了鼓励农业生产合作社积极培育树苗，胜利实现12年绿化祖国的任务，对农业生产合作社培育树苗的收入，一律免征农业税。农业生产合作社、个体劳动农户和别的公民所栽培的林木，在没有收入的年限内，也予免税。

27.文化娱乐税条例

（1956年5月3日全国人民代表大会常务委员会第三十五次会议通过）

第一条 凡在中华人民共和国境内经营电影、戏曲、话剧、歌剧、舞蹈、音乐、曲艺、杂技等文化娱乐的企业、文化娱乐的组织和举办文化娱乐演出的单位，除本条例第二条另有规定者外，都是文化娱乐税的纳税人，应该依照本条例的规定交纳文化娱乐税。

第二条 有下列情形的，免纳或者减纳文化娱乐税：

（一）为慰劳人民解放军、烈士家属和军人家属或者为筹募教育、救济基金所举办的义务演出，经市、县人民委员会批准，全部免税；

（二）专场放映新闻纪录、科学影片全部免税；

（三）收费低廉的街头演艺全部免税；

（四）为儿童专场演出的文化娱乐项目全部免税；

（五）小型文化娱乐的企业、小型文化娱乐的组织，经市、县人民委员会批准，可以减税或者免税；

（六）其他演出，经中华人民共和国财政部或者省、自治区、直辖市人民委员会批准，可以减税或者免税。

第三条 文化娱乐税根据文化娱乐企业、文化娱乐组织和举办文化娱乐演出单位所得的售票或者收费金额，按照下列税率计征：

税目	税　　率				
	甲级（一百万人以上的城市适用）	乙级（三十万人以上不满一百万人的城市适用）	丙级（十万人以上不满三十万人的城市适用）	丁级（二万人以上不满十万人的城镇适用）	戊级（不满二万人的城镇及农村适用）
电影	25%	20%	15%	10%	5%
戏曲、话剧、歌剧、舞蹈、音乐、曲艺、杂技	10%	8%	6%	4%	2%

第四条　不适宜按照前条规定税率执行的地区，可以按照下列规定提高或者降低税率：

（一）一百万人口以上的城市，经中华人民共和国财政部批准，可以降低一级税率；

（二）不满一百万人口的省辖市、县城，经省、自治区人民委员会批准，可以提高一级或者降低一级税率；

（三）直辖市、市和县所属的集镇，经直辖市、市、县人民委员会批准，可以提高一级或者降低一级至二级税率。

第五条　经常演出多种文化娱乐项目的文化娱乐企业（如游艺场），统一出售门票的，一律适用戏曲的税率。

电影和戏曲等同场演出的，按照戏曲的税率计征。

第六条　对于本条例没有规定的其他文化娱乐项目，如果比照上列各条规定开征文化娱乐税，应该由中华人民共和国财政部报请国务院批准。

第七条　税务机关为了解纳税人的纳税情况，可以进行税务检查，纳税人不得隐瞒或者拒绝。

第八条 纳税人如果不按照规定期限交纳税款，除限期追交外，并且按日处以应纳税额的千分之五的滞纳金。

纳税人如果违反纳税程序的规定，处以一百元以下的罚金。

纳税人如果匿报售票数额、收费金额或者废票重用，除追交应纳税款外，并且处以所漏税额五倍以下的罚金。

第九条 本条例的施行细则，由中华人民共和国财政部另行制定。

28.文化娱乐税条例施行细则

（1956年5月4日财政部发布）

第一条 本细则依据文化娱乐税条例（以下简称条例）第九条的规定制定。

第二条 条例第一条所称：

（一）“戏曲”如：京剧、评剧、越剧、淮剧、豫剧、楚剧、湘剧、赣剧、川剧、粤剧、桂剧、闽剧、晋剧、秦腔和木偶戏、皮影戏等；

（二）“曲艺”如：鼓词、评弹、说书、相声、曲剧和其他曲艺等；

（三）“杂技”如：马戏、魔术和其他杂技表演等；

（四）“文化娱乐的企业”如：电影院、剧场或戏院、音乐堂、曲艺厅、戏茶厅、书场、游艺场和具有营业性质的俱乐部等；

（五）“文化娱乐的组织”如：剧团、文工团、歌舞团、音乐团、曲艺工作团、杂技团、电影放映队和其他演出组织等；

（六）“举办文化娱乐演出的单位”如：机关、团体、学校、企业等。

第三条 条例第二条所称：

（一）“义务演出”系指举办文娱演出的收入除去化妆、布景、水电、膳宿、旅运费等必要开支外（或者不减除开支）将所得票款全部捐献的；

（二）“新闻纪录影片”系指新闻纪录的短片；

（三）“收费低廉的街头演艺”系指艺人在广场、街头流动演出，收费很少的，如：变戏法、要猴、拉洋片、单人木偶戏等；

（四）“小型文化娱乐的企业”系指设备简单、座位少、票价低、营业状况差的企业；“小型文化娱乐的组织”系指人数少、票价低、经营情况差的组织；小型文化娱乐企业和小型文化娱乐组织的具体确定，由当地税务机关和文化部门洽商，报由市、县人民委员会核准；

（五）“中华人民共和国财政部批准减税或者免税”系指涉及全国范围的或者经常性的减税、免税；“省、自治区、直辖市人民委员会批准减税或者免税”系指地方性或者临时性的减税、免税。

第四条 条例第三条分级税率的城市人口数字，各市依照本市行政区划内的人口数字计算；各县（镇）依照本县（镇）城关的人口数字计算。

第五条 文化娱乐组织在农村巡回演出，一律适用戊级税率计征。

第六条 文化娱乐企业或者文化娱乐组织应该按照售票或者收费的金额交纳文化娱乐税，不再交纳营业税。文化娱乐企业的其他营业收入，如小卖部收入、出售废品收入及广告费等，应该另行交纳营业税，不交纳文化娱乐税。

第七条 中国电影发行公司同其他文化娱乐企业或者文化娱乐组织采取分成拆帐方式合作放映电影，由文化娱乐企业或者文化娱乐组织按照全部售票或者收费的金额交纳文化娱乐税；它们所得分成收入，不再交纳营业税。

第八条 中国电影发行公司将影片租给文化娱乐企业或者文化娱乐组织放映，由文化娱乐企业或者文化娱乐组织按照全部售票或者收费的金额交纳文化娱乐税；中国电影发行公司所得影片租金，另行交纳营业税。

第九条 文化娱乐组织同文化娱乐企业采取分成拆帐方式合作演出，由文化娱乐企业按照全部售票或者收费的金额交纳文化娱乐税；它们所得分成收入，不再交纳营业税。

第十条 文化娱乐组织租用场所演出，由文化娱乐组织按照全部售票或者收费的金额交纳文化娱乐税。

第十一条 机关、团体、学校、企业等单位向中国电影发行公司租用电影片，向另一单位租用电影机（或者只租用影片，自备电影机）在本单位内部放映电影，如果售票或者收费的，应该按照全部售票或者收费的金额交纳文化娱乐税；如果不售票、收费的，不交纳文化娱乐税；中国电影发行公司所得影片租金，另行交纳营业税。

第十二条 机关、团体、学校、企业等单位邀请文化娱乐组织到本单位内部演出，如果售票或者收费的，应该按照全部售票或者收费的金额交纳文化娱乐税；如果不售票、收费的，不交纳文化娱乐税。

第十三条 经常演出多种文化娱乐项目的文化娱乐企业统一出售门票，按照售票金额交纳文化娱乐税；场内文化娱乐项目如果另行售票或者收费的，应该按照售票或者收费的金额另行交纳文化娱乐税。

第十四条 文化娱乐企业或者文化娱乐组织在开业、歇业、转业改组前，除依照规定向文化和工商行政管理机关申报、登记、领取或缴销营业许可证外，并且应该将副本一份，送当地税务机关备查。

第十五条 文化娱乐企业和举办文化娱乐演出的单位，应该向所在地的税务机关申报纳税；文化娱乐组织自行售票演出，应该向演出地的税务机关申报纳税。

文化娱乐组织在本市或者本县的行政区域内流动演出自行售票，可报请市、县税务机关核准，定期直接向住在地的税务机关申报纳税。

第十六条 文化娱乐税，由纳税人按1日、3日、5日或者按旬填具纳税申报表，向当地税务机关申报纳税。申报纳税期限由当地税务机关规定。纳税申报表格式由中华人民共和国财政部税务总局统一制定。

纳税人应该依照当地税务机关规定的交款期限持交款书到金库交纳税款；没有设立金库的地区，直接交税务机关。

第十七条 文化娱乐企业或者文化娱乐组织应该设置帐簿，逐日记载当天的售票或者收费的金额；如果有减税、免税的演出，应该分别记载。

纳税人所用各种票券，税务机关可以统一制发，收取工本费，或者规定样式指定印刷厂印制，由纳税人购用；经当地税务机关批准，纳税人也可以自行印制票券，送经税务机关审查登记后使用。

第十八条 税务机关根据条例第七条的规定进行税务检查时，遇有疑问可以指定纳税人在规定时间内提出证明文件，纳税人不得拒绝。

第十九条 文化娱乐企业或者文化娱乐组织因歇业、转业或者改组实行清理时，应该在5天内报交清理前营业期间的文化娱乐税。

第二十条 纳税人如果违反本细则第十六条的规定，应该依照条例第八条按日处以千分之五的滞纳金。

第二十一条 纳税人如果违反本细则第十四条、第十七条、第十八条、第十九条的规定，应该依照条例第八条处以100元以下的罚金。

第二十二条 本细则施行以前的有关文化娱乐税的纳税规定和文化娱乐业交纳营业税的规定，如果与条例和本细则规定有抵触的，都以条例和本细则的规定为准。

29. 财政部关于对私营工商业在改造过程中交纳工商业税的暂行规定

（1956年8月3日国务院批准）

（一）公私合营工业：

一、公私合营工厂，在并厂之后统一核算盈亏的，应该按照大型工业交纳营业税，并以总厂为纳税单位。总厂所属各分厂、车间之间相互调拨原材料、半成品、成品以及相互进行加工、修理等业务，都不纳营业税。如果目前按大型工业纳税有困难的，各地可以由负责对私营工商业社会主义改造工作的有关部门提出意见，经税务机关报请当地人民委员会批准，在应纳税额30%范围内给予一定时期的减税照顾，或者暂按小型工业纳税。

二、公私合营工厂，如果只是统一管理，仍然分别核算、自负盈亏的，应该由各厂分别纳税；各厂相互销售原材料、半成品、成品以及相互进行加工、修理等业务，都应该照现行规定交纳营业税。

（二）公私合营商业：

一、公私合营商业批发单位批发工业品，不纳批发营业税；但是批发属于加工收回的商品，除已纳商品流通税的商品外，仍然应该交纳批发营业税。

二、公私合营商业批发单位批发农产品，给本系统的批发单位，不纳营业税。对外销售或拨售给本系统的零售单位，如果是自己组织货源的，应该照章交纳批发营业税；如果是向国营商业、供销合作社进货的，应该由国营商业、供销合作社交纳批发营业税，公私合营商业批发单位将此项由国营商业、供销合作社进货的商品再转批（不论对外或对内）的时候，不纳批发营业税。

三、公私合营的总店或区店为其所属各门市部组织货源，按照前两项批发单位的纳税规定处理。

四、公私合营批发兼零售单位，凡是批发和零售部分能够划分的，批发部分按照前一、二两项规定办理；凡是批发和零售部分不能划分的，一律按零售纳税。

五、公私合营商业的零售单位，仍然按照现行规定交纳零售营业税；但采取报账制度的，经税务机关核准，也可以在它的上一级核算单位汇总交纳。

六、在统一核算单位内，各个报账制公私合营零售单位间，相互调拨货物，不纳营业税。统一核算单位之间及独立经营、自负盈亏的公私合营零售单位之间，相互拨售货物，应该按进销货纳税；但是如果由专业公司统一调剂货源，事前经税务机关核准的，可以不纳营业税。

七、国营商业委托公私合营商业代购、代销、代批，除由委托单位照章纳税外，代理单位仍然按照手续费收益交纳营业税。

公私合营商业经国营商业部门批准，委托私营或公私营合商业代购、代销、代批的，也按代购、代销处理，不按进销货纳税。

八、公私合营的联购联销组织，按独立单位纳税；联购分销组织，由各分销单位分别纳税。联购组织购入的商品分配给各分销单位时，不纳营业税。

九、公私合营商业，如果是实行并店的，应该按照工商业税暂行条例第十一条的规定确定适用的税率，即：兼营两种以上的行业，分别按它的不同税率纳税；不易分别者，按较高的税率纳税。

十、由供销合作社负责改造的合营商业单位，可以比照以上各项规定办理。

（三）合作商店、合作小组和小商小贩：

一、合作商店（指组织起来，统一核算盈亏的合作商店或联营组织）。

1.合作商店应该分别交纳营业税和所得税；但是它们在经营上

有困难的，应该按照以下规定处理：

（1）合作商店一个月实际所得毛利尚不够支付工资的，可以免征营业税；

（2）合作商店一个月实际所得毛利虽够支付工资但不够纳税的，可以减征或免征营业税；

（3）合作商店一个月实际所得毛利够支付工资，也够纳税，如果经营上还有困难，它们应当交纳的所得税，还可以在30%的范围内给予减税照顾。

2.合作商店的营业税按以下税率计征：

（1）依营业总收入额计算的，都按3%的税率计征；

（2）服务性行业中的一般服务性行业如修理、理发、浴室、旅店、洗染及饮食业等都按3%的税率计征；婚丧服务、介绍服务等都按5%的税率计征；

（3）接受国营商业、供销合作社及公私合营商业委托代购、代销、代批所得手续费收益，都按7%的税率计征。

3.合作商店的营业税，一律采取由商店自报由税局核实的方法按月征收。

4.合作商店的所得税按季交纳，由税务机关根据商店全季的营业额和国营商业、供销合作社对它们安排的毛利率（或批零差价）求出毛利额，再减去企业的各项开支（根据国营商业、供销合作社按行业核定的费用率计算）求出所得额，计算征收所得税。

二、合作小组（指组织起来，不统一核算，自负盈亏的合作组织或联营组织）。

1.合作小组应该交纳的营业税，比照合作商店的税率依营业额计算交纳，不再交纳所得税。

2.对合作小组征税一律采取定期定额的办法，由国营商业、供销合作社根据合作小组各成员的销货计划，提出小组各户全年的纳税营业额，汇总报经当地人民委员会批准，税务机关应该根据批准的营业额，按照适用税率计算出各成员户全年应纳税额，分别淡旺季节核定税款分月交纳，在当年内不作调整。

3.合作小组各户应交纳的税款，由当地国营商业、供销合作社所设立的中心店汇集代交，税务机关应指定干部经常地进行纳税辅导工作。在中心店尚未建立时，可由合作小组汇集代交。

4.合作小组销售应纳商品流通税商品的营业额，不再交纳营业税和所得税。

三、个体经营、自负盈亏的小商小贩（包括已批准公私合营，但仍独立经营、自负盈亏的小商店），营业税和所得税都可以按照合作小组的纳税规定办理。

四、合作小组的组员户及个体小商小贩的纳税起征点，凡是每月销货额不满90元，收益额不满60元，接受国营商业、供销合作社及公私合营商业委托代购、代销、代批的手续费收益不满40元的，不纳营业税和所得税；已经达到纳税起征点，但在经营上还有困难的个别户，税务机关仍然应该给予适当照顾。

五、一律废止民主评议的征收方法。

30.财政部关于农村工商税收的暂行规定

（1956年12月15日国务院批准　1956年12月17日财政部发布）

为了适应农业合作化以后的新情况，使农村税收制度既能鼓励农村发展多种经济，又能保护专业手工业的生产经营；既能照顾农民增加收入，又能适当保证国家收入，特就农村工商税收作如下规定：

一、农业生产合作社（以下简称农业社）、农业社社员和个体农民自己生产的属于农业、林业、渔业、畜牧业的产品（以下简称农、林、渔、牧产品）按照以下规定办理：

1.农业社自己生产的农、林、渔、牧产品，凡是社内公用或者分配给社员，或者在本社社员之间相互调剂的部分，都一律免纳商品流通税、货物税、营业税、所得税。

农业社社员和个体农民自己生产的农、林、渔、牧产品，自用的部分都不纳税。

2.农业社、社员和个体农民对外出售自己生产的农、林、渔、牧产品，免纳营业税、所得税或者临时商业税。运到外地销售的，凭乡人民委员会或者农业社开给的自产自销证明免税。

农业社在城市集镇设立店铺，销售上项产品，应当按照销售收入交纳3%的营业税，免纳所得税。

3.农业社、社员和个体农民对外出售的农、林、渔、牧产品，如果属于应该交纳商品流通税、货物税的品目，销售给国营企业、供销合作社、合营企业等收购单位的，仍然按照商品流通税或者货物税税法的规定，由收购单位纳税；直接销售给消费者的，由销售者（农业社、社员或个体农民）纳税。

二、农业社附设的手工业工场、作坊产制或者接受加工的产品，按照以下规定办理：

1.农业社附设的手工业工场、作坊产制或者接受加工的产品，凡是属于应该交纳产品流通税、货物税的品目，除了供应社员的麦粉不纳税以外，其他产品不论对外销售或者社内公用或者供应给社员，都应该按照商品流通税或者货物税税法的规定纳税。凡是已经交纳商品流通税、货物税的产品，农业社即不再交纳营业税、所得税。

2.农业社附设的手工业工场、作坊产制或者接受加工的产品，凡是不属于交纳商品流通税、货物税的品目，除了社内公用部分不纳税以外，不论对外销售或者供应给社员，都应该按照销售收入或者加工所得的收益，交纳3%的营业税，免纳所得税。

三、农业社附设的服务性单位，如理发铺、旅店、饭馆、缝纫社和运输队等，不论对外营业或者对社员营业的收入和收益，都按3%的税率交纳营业税，免纳所得税。

农业社组织社员和个体农民从事劳务性的临时生产，如砸石子、挖土方或者从事其他劳务所得的收益，都不纳税。

四、农业社在城市、集镇设立店铺经营商业，贩卖非自己生产的产品，按销售收入交纳3%的营业税，免纳所得税。未设店铺而从事贩卖非自己生产的产品，按销售收入交纳5%的临时商业税。

五、农业社和它附设的手工业工场、作坊及服务性单位所书立的各种凭证、帐册，一律免纳印花税；它们对外和各收购单位订立的各种合同、契约，双方都免纳印花税。

六、各地在执行本规定的时候，如果认为有必要因地制宜的，可以由各省、自治区、直辖市人民委员会在下列范围以内，根据具体情况自行掌握，并且作出补充规定：

1.农业社直接销售给消费者的属于应该交纳商品流通税、货物税的农、林、渔、牧产品，如果是当地产量零星，过去又无纳税习惯的，可以列举某些品目，给予一定期间或在一定数量以内的减税或者免税的照顾；销售给国营企业、供销合作社及合营企业等收购单位的，仍然应该按照规定由收购单位纳税。

2.农业社附设的手工业工场、作坊及服务性单位，如果是由于经营不久，需要扶持，并且不影响专业手工业生产经营的，它们对社员营业的部分可以在一定的期间内给予减税或者免税的照顾；对外营业的部分，仍然应该按照规定纳税。

七、农业社应该交纳的营业税或者临时商业税，一律由农业社或者农业社附设的单位在所在地按月计算交纳，运往外地销售的，凭乡人民委员会或者农业社的证明，在销地不纳税，回所在地纳税。

八、本规定发布以后，各省、自治区、直辖市人民委员会自订的临时办法同本规定有抵触的，应该废止。同时根据本规定，结合当地情况，重新制订具体的执行办法发布施行，并且抄报财政部备案。

九、各民族自治地方如果不宜于适用本规定的，可以参照本规定自订办法，并且抄报财政部备案。

31. 国务院关于调整获利较大的经济作物的农业税附加比例的规定

（1957年12月7日全国人民代表大会常务委员会第八十七次会议批准
1957年12月20日国务院公布）

最近根据不少地区反映，农民种植某些经济作物比种植粮食作物获利较大，而经济作物的农业税负担比例，同粮食作物的农业税负担比例相比较，则显得过低，需要加以调整；同时，若干急需兴办的地方性公益事业的支出又日益增加，因此，有些地区要求提高某些经济作物的农业税附加比例，以平衡负担，并且解决地方的一部分实际需要。根据关于改进财政管理体制的规定第四项中“经济作物区的农业税附加可以酌量提高”的原则，国务院同意这些意见，现在作如下规定：

（一）种植经济作物和园艺作物比较集中而获利又超过种植粮食作物较多的地区，省、自治区、直辖市人民委员会对于这些经济作物和园艺作物的农业税附加比例可以酌情提高，但是最高不得超过正税税额的30%。

（二）对于零星种植的经济作物、在山地种植的经济作物、刚开始推广的经济作物、或者种植虽然比较集中但是获利超过粮食作物不多的经济作物，农业税附加的比例不要提高，或者少提高一些。

为了鼓励农民特别是山区农民积极发展生产，对于新开辟的、新垦复的和新栽培的桑园、茶园、果园以及其他经济林木，应当按照国务院1956年11月20日发布的“关于新辟和移植桑园、茶园、果园和其他经济林木减免农业税的规定”执行。

（三）提高经济作物的农业税附加的具体比例，提高的范围和开始实行的时间，由省、自治区、直辖市人民委员会在不影响经济作物正常发展的前提下具体规定。如果有的省、自治区、直辖市人民委员会认为没有必要提高的，也可以不提高。

（四）在提高经济作物的农业税附加比例这一工作当中，要注意妥善安排，加强宣传，对农民讲清道理，不要简单从事，以免伤害农民对经济作物生产的积极性。

32. 财政部关于对棉纺织印染、日用化学、制笔、热水瓶四类工业产品试行改革工商税制的规定

（1958年4月18日）

一、为了取得改革现行工商税收制度的经验，对棉纺织印染、日用化学、制笔、热水瓶四类工业产品（以下简称试办产品）先期试行改革工商税制，制定本规定。

二、一切在国内生产的和从国外进口的试办产品，都要按照本规定纳税。实行本规定以后，原来交纳的商品流通税、货物税、营业税和印花税即行停征。

三、试办产品的税目税率如下：

<table>
<tr><th>税目</th><th colspan="2">品　目</th><th>税　率</th></tr>
<tr><td rowspan="5">棉纱、棉布</td><td colspan="2">本色棉纱</td><td rowspan="3">30支以上的26%
不满30支的23%</td></tr>
<tr><td colspan="2">烧茸棉纱</td></tr>
<tr><td colspan="2">人造棉棉纱</td></tr>
<tr><td colspan="2">棉坯布</td><td>1.5%</td></tr>
<tr><td colspan="2">印染布、色织布</td><td>5%</td></tr>
<tr><td rowspan="6">日用化学品</td><td>化妆品</td><td>香水、香水精、花露水、香粉、口红、胭脂、头油、发腊、发水、面蜜、面油、指甲油、眉笔、雪花膏</td><td>51%</td></tr>
<tr><td colspan="2">爽身粉</td><td>30%</td></tr>
<tr><td colspan="2">香皂、牙膏、蛤蜊油</td><td>17%</td></tr>
<tr><td colspan="2">肥皂、药皂</td><td>12%</td></tr>
<tr><td colspan="2">牙粉、鞋油、鞋粉</td><td>6%</td></tr>
<tr><td colspan="2">甘油</td><td>6%</td></tr>
</table>

续表

税目	品　　目	税　率
铅笔自来水笔	金笔、圆珠笔	22%
	铱金笔、钢笔	17%
	自来水笔零件	17%
	铅笔	6%
热水瓶	金属壳热水瓶	19%
	竹壳热水瓶、瓶胆	14%

四、工业企业自产的试办产品，以生产企业为纳税人，于产品销售以后按照工厂的销售价格计算纳税。

五、工业企业如果用自己生产的棉纱作为原料，制造试办产品，应当在移送加工的时候，按照同品种棉纱的销售价格计算纳税。其余作为制造试办产品使用的自制原材料零配件都不纳税。

六、国营工业、定息的公私合营工业以及手工业合作组织，如果相互进行协作生产的，协作一方将自己生产的下列产品以不含税价格供给对方，作为制造试办产品的原材料或者零配件使用，可以报经供货方所在地税务机关批准免税。这部分产品是：

1. 制造牙膏用的皂坯；

2. 制造金笔、铱金笔、钢笔、圆珠笔所用的零件；

3. 制造热水瓶用的瓶胆、瓶壳（不包括竹壳）和制造瓶胆用的玻璃料坯。

七、国营工业、定息的公私合营工业以及手工业合作组织，以原材料委托另一工业企业加工制成的试办产品或者用作制造试办产品的半成品、零配件，由委托方收回产品后，比照自制产品按本规定第四、第五两项规定办理。

商业企业和使用单位委托工业企业加工制成的试办产品，应当在委托方提货的时候，按照同品种产品的销售价格依率计税，由受托方代交。

受托方所得的加工收入按照3%的税率计算纳税。

八、生产试办产品的工业企业，在销售下脚废料的时候，按照3%的税率计算纳税。

九、未定息的公私合营工业、私营工业和个体手工业生产的试办产品，不适用第五、第六、第七各条的规定，仍按原来的税法的规定办理。

十、对于国外进口的试办产品，按照本规定的税率，由海关代征税款。这部分进口产品在计算税款时所使用的价格，由财政部税务总局另行通知。

十一、手工业合作组织生产的试办产品按照本规定纳税有困难的，由省、自治区、直辖市人民委员会给予一定时期的减税照顾。

十二、下列各项都暂时按照原来商品流通税、营业税的有关规定办理：

1.工业企业销售给国家物资储备部门的棉纱不纳税，由物资储备部门对外调拨时，按照原来的税率纳税。

2.工业企业接受军事部门委托加工的棉纱、棉布，仍然按照原来的税率和办法纳税。

十三、试办产品可以按日、按期或者按次交纳税款，由当地税务机关根据企业的税款多少和经营情况分别加以规定。

十四、纳税人不按照规定期限交纳税款，税务机关除限期追交外，应当从滞纳日起按日加收滞纳税款的千分之一的滞纳金。

十五、纳税人如有偷税漏税的行为，税务机关除追交偷漏税款外，应当根据情节轻重给予批评或者处以罚金。但所处罚金最多不得超过所偷漏税款的五倍。情节严重的，应当依法追究刑事责任。

十六、本规定自1958年5月1日起试行。

33.国务院关于改进税收管理体制的规定

（1958年4月11日国务院全体会议第七十五次会议通过
1958年6月5日第一届全国人民代表大会常务委员会第九十七次会议批准
1958年6月9日国务院公布试行）

税收是国家动员社会主义资金积累的一种主要方式，也是对于人民所创造的财富的一种分配方式。这种分配进行得适当，可以促进生产的发展；反之，如果进行得不适当，无论应当免税的征了税，应当少征税的多征了税，或者应当征税的没有征税，应当多征税的少征了税，都会妨碍生产的发展。目前生产资料所有制的社会主义改造已经基本完成，工农业生产正在飞跃发展，财政管理体制和工业、商业管理体制已经有了改进，为了正确地、因时因地制宜地进行税收工作，国家的税收管理体制，也有必要作相应的改进。改进的原则是：凡是可以由省、自治区、直辖市负责管理的税收，应当交给省、自治区、直辖市管理；若干仍然由中央管理的税收，在一定的范围内，给省、自治区、直辖市以机动调整的权限；并且允许省、自治区、直辖市制定税收办法，开征地区性的税收。这样，就有利于省、自治区、直辖市在中央的统一领导下，根据当地的实际情况，更好地运用税收这一工具，采取必要的鼓励和限制的措施，促进生产的发展，巩固社会主义经济，并且在生产发展的基础上，开辟财源，增加积累。现在对改进税收管理体制，作如下的规定：

一、印花税、利息所得税、屠宰税、牲畜交易税、城市房地产税、文化娱乐税、车船使用牌照税等七种税收，按照改进财政管理体制的规定，已经划为地方固定收入。有关这些税收的管理权限，也应当同时交给省、自治区、直辖市掌握。省、自治区、直辖市在中央统一的征税条例的基础上，根据当地实际情况，有权采取减税、免税或者加税的措施；有权对这些税收的税目和税率作必要的调整。

二、商品流通税、货物税、营业税、所得税等四种税收，按照改进财政管理体制的规定，已经划为调剂分成收入，根据一定的比例，由中央和地方实行分成。有关这些税收的管理权限，仍然基本上归中央集中掌握。但是对于这些税收，也允许省、自治区、直辖市在下列规定的范围内，根据实际情况，实行减税、免税的措施，也可以实行加税的措施。

（一）省、自治区、直辖市可以实行减税或者免税的范围规定如下：

1.工业、手工业试制的新产品和新建企业所生产的产品，在试制期间和生产初期，如果按照税法规定纳税会发生亏损的。

2.工业、手工业利用代用品、废品或者残次变质物品作原料，加工生产的成品，需要在税收上给予鼓励的。

3.工业、手工业制造零件、配件，是为了协助另一企业进行生产，需要在税收上给予照顾的。

4.企业事业单位为了帮助农业，培育和供应种子、种畜、幼畜、鱼苗等，或者为了配合开发山区，在山区设点加工，进行经营，需要在税收上给予照顾的。

5.农业生产合作社、农业生产合作社社员、个体农民自己生产的按照规定应当纳税的农业产品和副业产品，供自己使用或者向自由市场出卖，需要在税收上给予照顾的。

6.手工业生产合作社和合作商店，由于特殊原因，全年营业收入不足以支付从业人员的工资，需要在税收上给予照顾的。

7.灾区的农业生产合作社、农业生产合作社社员、个体农民为了生产自救，从事临时性的工业、手工业、贩运活动，或者灾区的商业企业为了配合救灾工作，进行某些无利的经营，或者社会救济部门组织生活困难的烈士家属、军人家属、荣誉军人和老弱残废进行生产自给，从事工业、手工业、贩运活动，需要在税收上给予照顾的。

（二）省、自治区、直辖市可以实行加税的范围规定如下：

1. 对于少数收入较多的个体手工业者和小商小贩，可以按照他们应纳的所得税额加征一成到五成（例如应纳所得税额十元，可以加征一元到五元）。个别获利特多的，可以超过这个限度。

对于经营手工业、商业等各种合作组织，少数收入特多的，也可以按照他们应纳的所得税额，适当加成征收。

2. 对于残存的资本主义工商业者和行商，可以按照他们应纳的所得税或者临时商业税税额加征一成到十成。个别获利特多的，可以超过这个限度。

三、在农业税方面，省、自治区、直辖市应当根据中华人民共和国农业税条例并且结合实际情况，对于所属各个地区之间的负担，种植粮食作物和种植经济作物之间的负担，农业生产合作社和个体农民之间的负担，作必要的调整。

四、在盐税方面，允许省、自治区、直辖市在原有征税办法的基础上，根据实际情况，对盐税税额作必要的调整，并且报国务院备案。

五、省、自治区、直辖市人民委员会为了调节生产者的收入，平衡负担，开辟财源，或者为了有计划地安排生产，限制盲目的生产经营，在必要的时候，还可以把当地某些利润较大的土特产品和副业产品（包括集体经济的产品和个体经济的产品），列入货物税的征收范围，作为一个新增的税目，征收货物税；或者另外制定税收办法，开征地区性的税收。增列土特产品和副业产品货物税的税目，或者制定土特产品和副业产品的税收办法，应当报告国务院备案。

六、对于自治区在税收管理上应当给予更大的机动权限。自治区人民委员会如果认为全国统一的税法与本自治区的实际情况不相适应，可以制定本自治区的税收办法，并且报国务院备院。

七、省、自治区、直辖市人民委员会，根据发展生产、繁荣经济和增加国家积累的原则，对于工商税的征收环节和起征点的规定，凡是认为确实不合理和不利于生产的，都可以机动处理，并且在处理之后报告财政部备案。

八、省、自治区、直辖市人民委员会在执行本规定的时候，应当注意以下各点：

（一）采取减税、免税的措施，应当既照顾发展生产的需要，又照顾国家资金的积累。

（二）采取调整税率或者增加税收的措施，应当注意不要影响生产的正常发展和物价的稳定。

（三）各地在税收上所采取的措施，凡是同邻近地区有密切关系的，应当事先共同协商，取得相互的配合。

（四）各地在税收上所采取的措施，对统一计划和全国平衡有较大影响的，或者涉及外交关系的，应当报经国务院批准。

34. 中华人民共和国农业税条例

（1958年6月3日全国人民代表大会常务委员会第九十六次会议通过）

第一章　总　则

第一条　为了保证国家社会主义建设，并有利于巩固农业合作化制度，促进农业生产发展，根据中华人民共和国宪法第一百零二条“中华人民共和国公民有依照法律纳税的义务。”的规定，制定本条例。

第二条　农业税的征收实行比例税制。

第三条　下列从事农业生产、有农业收入的单位和个人，都是农业税的纳税人，应当按照本条例的规定交纳农业税：

（一）农业生产合作社和兼营农业的其他合作社；

（二）有自留地的合作社社员；

（三）个体农民和有农业收入的其他公民；

（四）国营农场、地方国营农场和公私合营农场；

（五）有农业收入的企业、机关、部队、学校、团体和寺庙。

第四条　下列的农业收入征收农业税：

（一）粮食作物和薯类作物的收入；

（二）棉花、麻类、烟叶、油料、糖料和其他经济作物的收入；

（三）园艺作物的收入；

（四）经国务院规定或者批准征收农业税的其他收入。

第五条　农业生产合作社和兼营农业的其他合作社，以社为单位交纳农业税；其他纳税人，按照他们的经营单位交纳农业税。

第二章 农业收入的计算

第六条 农业收入的计算标准如下：

（一）种植粮食作物的收入，按照粮食作物的常年产量计算；

（二）种植薯类作物的收入，按照同等土地种植粮食作物的常年产量计算；

（三）种植棉花、麻类、烟叶、油料和糖料作物的收入，参照种植粮食作物的常年产量计算；

（四）园艺作物的收入、其他经济作物的收入和经国务院规定或者批准征收农业税的其他收入，由省、自治区、直辖市人民委员会规定计算标准。

本条第一款（一）、（二）、（三）项所列各种农业收入，一律折合当地的主要粮食，以市斤为单位计算；折合比例由省、自治区、直辖市人民委员会规定。

第七条 常年产量应当根据土地的自然条件和当地的一般经营情况，按照正常年景的产量评定。对于因积极采取增产措施和采用先进经验而使产量提高特别显著的，评定常年产量不宜过高。

第八条 在评定常年产量的时候，对于纳税人兴修农田水利工程、水土保持工程而提高单位面积产量的土地，受益未满三年的，应当参照受益前的正常年景的产量评定常年产量。

第九条 常年产量评定以后，在五年以内，因勤劳耕作、改善经营而提高单位面积产量的，常年产量不予提高；因怠于耕作而降低单位面积产量的，常年产量不予降低。

第三章 税 率

第十条 全国的平均税率规定为常年产量的15.5%；各省、自治区、直辖市的平均税率，由国务院根据全国平均税率，结合各地区的不同经济情况，分别加以规定。

第十一条 各省、自治区、直辖市人民委员会应当根据国务院规定的平均税率，结合所属各地区的经济情况，分别规定所属自治州的平均税率和所属县、自治县、市的税率；自治州所属县、自治县、市的税率，由自治州人民委员会根据上一级人民委员会所规定的平均税率，结合所属各地区的经济情况，分别加以规定。

如果县、自治县、市所属各地区的经济情况悬殊，不宜按照一个税率征收的，县、自治县、市人民委员会可以根据上一级人民委员会所规定的平均税率，分别规定所属各地区的税率，报请上一级人民委员会批准后执行。

第十二条 县级以上人民委员会对所属地区规定的税率，最高不得超过常年产量的25%。

第十三条 个体农民应当交纳的农业税，除了与所在地区的农业生产合作社按照同一税率计算以外，根据不同的经济情况，另行加征税额的一成到五成。对缺乏劳动力、生活困难的个体农民，不予加征。

第十四条 省、自治区、直辖市人民委员会为了办理地方性公益事业的需要，经本级人民代表大会通过，可以随同农业税征收地方附加。

地方附加一般不得超过纳税人应纳农业税税额的15%；在种植经济作物、园艺作物比较集中而获利又超过种植粮食作物较多的地区，地方附加的比例，可以高于15%，但最高不得超过30%。

第四章 优待和减免

第十五条 纳税人依法开垦荒地或者用其他方法扩大耕地面积所得到的农业收入，从有收入的那一年起，免征农业税一年到三年。

移民开垦荒地所得到的农业收入，从有收入的那一年起，免征农业税三年到五年。

第十六条 纳税人在山地上新垦植或者新垦复的桑园、茶园、果园和其他经济林木，从有收入的那一年起，免征农业税三年到七年。

第十七条 纳税人从下列土地上所得到的农业收入，免征农业税：

（一）农业科学研究机关和农业学校进行农业试验的土地；

（二）零星种植农作物的宅旁隙地。

第十八条 纳税人的农作物，因遭受水、旱、风、雹或者其他自然灾害而歉收的，按照歉收程度，减征或者免征农业税。减征和免征的办法，由省、自治区、直辖市人民委员会规定。

第十九条 下列地区，经省、自治区、直辖市人民委员会决定，可以减征农业税：

（一）农民的生产和生活还有困难的革命老根据地；

（二）生产落后、生活困难的少数民族地区；

（三）交通不便、生产落后和农民生活困难的贫瘠山区。

第二十条 革命烈士家属、在乡的革命残废军人及其他纳税人，因缺乏劳动力或者其他原因而纳税确有困难的，经县、自治县、市人民委员会批准，可以减征或者免征农业税。

第二十一条 除本章各条的规定以外，其他需要给予优待和减免的，由国务院或者省、自治区、直辖市人民委员会规定。

第五章 征 收

第二十二条 纳税人应当向乡、民族乡、镇人民委员会据实报告土地亩数、农业收入和其他有关情况。乡、民族乡、镇人民委员会对纳税人的报告，经过调查和评议以后，造册报送县、自治县、市人民委员会审查核定。县、自治县、市人民委员会审查核定后，依照税率计算税额，向纳税人发出纳税通知书，作为纳税的凭证。

第二十三条 农业税分夏秋两季征收。夏收较少的地区，可以不进行夏征，在秋季一并征收。征收的时间，由省、自治区、直辖市人民委员会规定。

第二十四条 农业税以征收粮食为主。对于交纳粮食有困难的纳税人，可以改征其他农产品或者现款。

纳税人交纳的粮食，必须晒干扬净。

第二十五条 纳税人应当按照规定的时间，将应交纳的粮食或者其他农产品和现款，送交指定的机关；征收机关收到以后，应当发给收据。

第二十六条 纳税人有运送他们应交纳的粮食和其他农产品的义务。义务运送的里程，一般以当日能够往返为原则，具体里程由省、自治区、直辖市人民委员会规定。超过义务运送里程的，其超过的里程，应当按照当地的一般运价发给运费。

在规定纳税人的义务运送里程的时候，对交通不便的山区，应当给予适当的照顾。

第二十七条 纳税人如果发现在征收农业税的工作中有调查不实、评议不公、错算和错征的情况，可以向乡、民族乡、镇人民委员会请求复查和复议。如果纳税人对于复查、复议的结果仍不同意，还可以向上级人民委员会请求复查。各级人民委员会对纳税人提出的请求，应当迅速加以处理。

第二十八条 纳税人如果少报土地亩数、农业收入或者用其他方法逃避纳税的，经查明后，应当追交其逃避的税额；情节严重的，并且送人民法院处理。

第二十九条 国家工作人员在征收农业税的工作中，如果有违法失职或者营私舞弊致使国家、人民遭受损失的，应当根据情节的轻重，给予纪律处分，或者送人民法院处理。

第六章 附 则

第三十条 省、直辖市人民委员会应当根据本条例的规定，结合本地区的具体情况，制定农业税征收实施办法，报国务院备案。

第三十一条 自治区人民委员会可以根据本条例的基本原则，结合本地区的具体情况和民族特点，制定本自治区的农业税征收办法，报国务院备案。

自治州或者自治县人民委员会认为必要的时候，可以根据本条例的基本原则，结合本地区的具体情况和民族特点，制定本自治州、自治县的农业税征收办法，报省、自治区人民委员会备案。

第三十二条 本条例从公布之日起施行。原有的农业税条例和有关规定即行废止。

35. 财政部关于试行改革工商税制的规定

（1958年6月20日）

一、为了广泛地取得改革现行工商税收制度的经验，再选定一批工农业产品（以下简称试办产品）试行改革工商税制，制定本规定。

二、一切在国内生产的和从国外进口的试办产品，都要按照本规定纳税。实行本规定以后，原来交纳的商品流通税、货物税、营业税和印花税即行停征。

三、试办产品的税目税率列表附后。

四、工业企业销售自制产品，于产品销售以后，按照实际销售价格计算纳税。

五、工业企业把自己生产的试办产品用于本企业制造试办产品的，除在税目税率表中规定要纳税的产品，应当在移送加工的时候，按照同品种产品的销售价格计算纳税以外，其余都不纳税。

六、国营工业、定息的公私合营工业以及手工业合作组织，以原材料委托另一工业企业加工制成的试办产品，或者用于制造试办产品的半成品、零配件，由委托方收回产品后，比照自制产品按照本规定第四、第五两项规定办理。

商业企业委托工业企业加工制成的试办产品，应当由委托方在提货后，按照同品种产品的销售价格计算纳税。

基本建设单位、军事部门和其他非工业单位委托工业企业加工制成的试办产品，应当在委托方提货的时候，按照同品种产品的销售价格计算应纳税款，由受托方代为交纳。

受托方所得加工收入按照3%的税率计算纳税。

七、采购企业采购属于试办的农产品，于产品采购以后，按照实际支付金额计算纳税。

八、工业企业用已经纳过税的试办产品加工制成属于同一税目范围内的产品（如用已经纳税的白糖加工制成冰糖），应当按照5%的税率计算纳税。

九、生产试办产品的企业，销售下脚废料和非工业性作业等项收入，都不纳税。

十、未定息的公私合营工业、私营工业和个体手工业生产的试办产品，不适用本规定第五、第六两项的规定，仍按原来税法规定办理。

十一、对于国外进口的试办产品，按照本规定的税率，由海关代征税款，这部分进口产品在计算税款时所使用的价格，由财政部税务总局另行通知。

十二、关于试办产品的减税或者免税照顾问题，可由各省、自治区、直辖市人民委员会按照国务院“关于改进税收管理体制的规定”办理。

十三、工业企业销售给国家物资储备部门的试办产品，以及工业企业接受军事部门委托加工的试办产品，仍按原来商品流通税、货物税、营业税的规定办理。

十四、试办产品的纳税期限，可由当地税务机关根据企业的应纳税额的大小，结合其经营情况，分别核定。

十五、纳税人不按照规定期限交纳税款，税务机关除限期追交外，应当从滞纳日起，按日加收滞纳税款千分之一的滞纳金。

十六、纳税人有偷税漏税行为的，税务机关除追交所偷漏的税款外，并且根据情节轻重，给予批评或者处以所偷漏税款的五倍以下的罚金，情节严重的，送人民法院处理。

十七、本规定自1958年7月1日起试行。

税目税率表

类别	税　　目	税率	说　　明
烟酒	熏烟叶	50%	1.糠麸及薯类酿制的酒按照粮食酿制酒的税率纳税。 2.甘蔗、甜菜、糖漏水酿制的酒按照果木酒税率纳税。 3.糖漏水酿制的酒精按照粮食酿制酒精的税率纳税。 4.用白酒掺兑其他料品制成的黄酒、土甜酒，按照复制酒的税率纳税。 5.用酒精加水兑成的白酒，按照复制酒的税率纳税。 6.甲醇、杂醇油按照代用品酿制酒精的税率纳税。 7.国外进口的酒类，一律按照粮食酿制的白酒、黄酒的税率纳税。 8.企业用自己生产的酒类，在本企业内用于制造产品的，应按规定的税率纳税。
	土烟叶	40%	
	粮食酿酒：		
	白酒、黄酒	60%	
	啤酒	40%	
	土甜酒	40%	
	代用品酿酒	20%	
	果木酒	30%	
	复制酒	30%	
	酒精：		
	粮食酒精	30%	
	代用品酒精	20%	
	木酒精	20%	
饮食品	机制糖	44%	1.土制糖在采购环节由采购单位按照含税的采购价格计算纳税。 2.乳制品包括筒装、瓶装和散装的。
	土制糖	39%	
	糖精	44%	
	饴糖	27%	
	茶叶	40%	
	汽水、果子水、果子露、果子汁	25%	
	奶粉、炼乳、淡乳	10%	
	罐头食品	10%	

续表

类别	税　　目	税率	说　　明
棉织品	土布： 机土纱交织布 纯土纱织布	 8% 12%	
	棉毯、线毯	6%	
纸	纸浆、丝浆	3%	1.建筑使用的固体纸浆，按照普通纸的税率纳税。 2.铝纸又名钢精纸。
	普通纸	10%	
	复制纸： 蜡纸、铜版纸、照像纸、蜡光纸、花壁纸、绉纹纸、卷绉纸、防潮纸、晒图纸、瓷花纸	10%	
	卷烟纸	18%	
	特种纸： 金纸、银纸、铜纸、锡纸、铝纸、玻璃纸	20%	
用品	铝制器皿	15%	1.铝制器皿只就餐具、盛具、炊具征收。不属铝制器皿征收范围的其他铝制品，除铝制拉链外都按5%的税率纳税。 2.进行协作生产的自行车零件，可给予免税照顾。
	搪瓷制品	15%	
	玻璃制品	15%	
	陶器、瓷器	11%	
	自行车及其零件	13%	
日用化学品	痱子粉	15%	

续表

类别	税　　目	税率	说　　明
电工器材	电线	11%	电线包括电缆。
	电灯泡、霓虹灯、日光灯、电珠、电子管	15%	
	干电池、蓄电池	12%	
	吊扇、座扇、壁扇	25%	
化学工业	颜料、染料	16%	1.实心车胎按照轮胎税率纳税。 2.轮带包括三角带、传动带、运输带。 3.轮带只就橡胶轮带纳税，用皮革制成的皮革轮带不按轮带税率纳税。
	轮胎、轮带	10%	
	橡胶制品	18%	
建筑材料	青红砖瓦、玻璃砖瓦、缸砖、耐火砖、空心砖	11%	
	水泥制品	6%	
	石棉制品		
	原木	10%	
燃料工业	矿物油	20%	1.矿物油包括汽油、煤油、柴油、燃料油、润滑油。其他矿物油都按矿物油副产品的税率纳税。 2.矿物油代用品按5%的税率纳税。
	矿物油副产品	13%	
鞭炮、焚化品	鞭炮、焰火	35%	
	各种焚化品	55%	

36.中华人民共和国工商统一税条例（草案）

（1958年9月11日全国人民代表大会常务委员会第一百零一次会议原则通过　1958年9月13日国务院发布试行）

第一条　为了使工商税收制度适应社会主义经济情况，有利于促进生产的发展，保证国家建设资金的需要，将货物税、商品流通税、营业税和印花税合并简化为工商统一税，制定本条例。

第二条　一切从事工业品生产、农产品采购、外货进口、商业零售、交通运输和服务性业务的单位或者个人，都是工商统一税的纳税人，应当按照本条例的规定交纳工商统一税。

第三条　工商统一税的税目税率依照附表的规定。

个别税目税率需要增减、调整的，由国务院确定，公布执行。

第四条　从事工业品生产的纳税人，在工业品销售后，根据销售收入的金额，依率计税。

工业企业自己制造的、用于本企业生产的产品，不纳税。但是，其中个别产品在本条例税目税率表中规定要纳税的，依照规定办理。

第五条　从事农产品采购的纳税人，在农产品采购后，根据采购所支付的金额，依率计税。

第六条　从事外货进口的纳税人，在货物进口后，根据进口货物所支付的金额，依率计税。

第七条　从事商业零售的纳税人，在商品销售后，根据零售收入的金额，依率计税。

第八条　从事交通运输和服务性业务的纳税人，在取得收入后，根据业务收入的金额，依率计税。

第九条　工业企业接受委托加工的产品，由委托方纳税。委托方属于工业单位的，比照本条例第四条的规定办理。委托方不属于工业单位的，在产品出厂的时候，由受托方代为交纳，或者由委托方在提货的时候自行交纳。

第十条 国家银行、保险事业、农业机械站、医疗保健事业的业务收入和科学研究机关的试验收入，免纳工商统一税。

第十一条 农业生产合作社和城市街道组织自办公共食堂和其他公共事业的收入，农业生产合作社供销部代国营企业办理购销业务的收入，学校因勤工俭学举办的生产事业的收入，需要在税收上加以鼓励的，可以给予减税或者免税。

第十二条 在省、自治区、直辖市范围内的减税、免税和个别产品纳税环节的变更，由省、自治区、直辖市人民委员会依照国家规定的管理税收的权限办理。

在全国范围内的减税、免税和产品纳税环节的变更，由国务院规定。

第十三条 纳税人和税务机关要充分发挥协作办税的精神，纳税人应当正确及时地交纳税款，并且主动地提供税务机关所需要的资料；税务机关应当积极辅助纳税人办理纳税，并且及时处理纳税人提出的有关改进税收的意见。

第十四条 纳税人交纳税款的期限，由税务机关根据企业应纳税额的大小和经营情况分别核定。

第十五条 纳税人如果不按照规定期限交纳税款，税务机关除限期追交外，应当从滞纳日起，按日加收滞纳税款千分之一的滞纳金。

第十六条 纳税人如果有偷税、漏税行为，税务机关除追交所偷漏的税款外，可以根据情节轻重，给予批评或者处以所偷漏税款的五倍以下的罚金；情节严重的送人民法院处理。

第十七条 对于农业生产合作社、农业生产合作社社员、个体农民征收工商统一税和对于残存的资本主义工商业、个体手工业、小商小贩、临时商业征收工商统一税，都由省、自治区、直辖市人民委员会依照国家规定的管理税收的权限，另行制定纳税办法，并且报国务院备案。

第十八条 本条例施行细则由中华人民共和国财政部制定。

第十九条 本条例从公布之日起施行。原有的货物税暂行条例、商品流通税试行办法、工商业税暂行条例中有关营业税部分、印花税暂行条例以及与这些法规有关的规定，一律废止。

工商统一税税目税率表

（一）工农业产品部分

税　　目	税　率	说　明
卷烟：		企业把自己制造的酒类，用于本企业生产的，应当按照规定的税率纳税。
甲级卷烟	69%	
乙级卷烟	66%	
丙级卷烟	63%	
丁级卷烟	60%	
戊级卷烟	40%	
雪茄烟	55%	
烟丝	40%	
熏烟叶	50%	
土烟叶	40%	
粮食酿酒：		
白酒、黄酒	60%	
啤酒	40%	
土甜酒	40%	
代用品酿酒	20%	
果木酒	30%	
复制酒	30%	
酒精：		
粮食酒精	30%	
代用品酒精	20%	
木酒精	20%	
糖：		
机制糖	44%	
土制糖	39%	
糖精	44%	
饴糖	27%	
茶叶	40%	

续表

税　　目	税　率	说　明
粮食	4%	
麦粉	10%	
各种植物油	12.5%	
海产食品： 　　海参、鱼肚、鱼翅 　　鱼唇、鲍鱼、干贝 　　其他海产食品	 35% 5%	
淡水产食品： 　　鱼、虾、蟹	 5%	
银耳、燕窝	35%	
汽水、果子水、果子露、果子汁	25%	
味精、机制酱油精	25%	
奶粉、炼乳、淡乳	10%	
鲜牛奶、鲜羊奶	2.5%	
罐头食品	10%	
蛋制品	10%	
棉纱： 　　本色棉纱 　　烧茸棉纱 　　人造棉棉纱	30支以上的26% 不满30支的23%	企业把自己制造的棉纱，用于本企业生产的，应当按照规定的税率纳税。
棉布： 　　棉坯布 　　印染布、色织布	 1.5% 5%	
土布： 　　机土纱交织布 　　纯土纱织布	 8% 12%	

续表

税　目	税　率	说　明
棉毯、线毯	6%	
机制、半机制麻纱	19%	
麻袋、麻袋布：机制、半机制麻袋、麻袋布	10%	
麻布： 　芝麻布、亚麻布 　水龙带	 15%	
毛纱、毛线： 　国产毛纺的毛纱、毛线 　进口毛纺的毛纱、毛线	 15% 35%	
呢绒： 　国产毛纺织的呢绒 　进口毛纺织的呢绒	 15% 35%	
工业用呢	25%	
毛毯	15%	
地毯	6%	
丝： 　蚕丝、绢丝、丝棉、人造丝	 15%	
绸缎： 　绸缎坯 　印染绸缎	 2% 6%	
毛制品： 　毡呢、毡毯、毡衣、毡帽、毡鞋、毡靴、毡袜、呢帽、呢帽坯	12%	
生皮	20%	

续表

税　目	税　率	说　明
皮革： 　　牛皮革 　　其他皮革	 40% 20%	企业把自己制造的皮革，用于本企业生产的，应当按照规定的税率纳税。
皮货	20%	
羊毛、羊绒、驼毛、驼绒 马鬃、马尾、羽毛	10%	
猪鬃	16%	
纸浆、丝浆	3%	
普通纸	10%	
复制纸： 　　蜡纸、铜版纸、照像纸 　　蜡光纸、花壁纸、绉纹纸 　　卷绉纸、防潮纸、晒图纸、 　　瓷花纸	10%	
卷烟纸	18%	
特种纸： 　　金纸、银纸、铜纸 　　锡纸、铝纸、玻璃纸	20%	
自来水笔： 　　金笔、圆珠笔 　　铱金笔、钢笔 　　自来水笔零件	 22% 17% 17%	
铅笔	6%	
火柴	23%	
热水瓶： 　　金属壳热水瓶 　　竹壳热水瓶 　　瓶胆	 19% 14% 14%	

续表

税　目	税　率	说　明
铝制器皿	15%	
搪瓷制品	15%	
玻璃制品	15%	
陶器、瓷器	11%	
自行车及其零件	13%	
钟表： 钟 手表、怀表	 25% 35%	
照像机	25%	
胶卷、胶片	35%	
唱片	15%	
收音机、扩大机、录音机 电视接收机、唱机	13%	
化妆品： 香水、香水精、香粉、花露水 口红、指甲油、胭脂 雪花膏、头油、发蜡 发水、面蜜、面油、眉笔	51%	
爽身粉	30%	
痱子粉	15%	
香皂、牙膏、蛤蜊油	17%	
肥皂、药皂	12%	
牙粉、鞋油、鞋粉、甘油	6%	
电线	11%	
灯泡： 电灯泡、霓虹灯、日光灯 电珠、电子管	15%	

续表

税　目	税　率	说　明
电池： 　　干电池、蓄电池	12%	
电扇： 　　吊扇、座扇、壁扇	25%	
油墨	10%	
漆： 　　生漆、化学漆	16%	
胶： 　　动物胶、液体胶、防水胶 　　印染胶、黄白胶粉 　　天然树脂	16%	
颜料、染料	16%	
橡胶制品： 　　轮胎、轮带 　　其他橡胶制品	 10% 18%	
酸： 　　硫酸、硝酸、盐酸、醋酸 　　氯磺酸	10%	
碱： 　　碳酸钠、苛性钠 　　苛性钾、硫化钠	12%	
化学肥料	5%	
平版玻璃	17%	
水泥及其制品： 　　水泥 　　水泥制品	 20% 6%	
石棉制品	6%	

续表

税　　目	税　率	说　明
砖瓦： 　　青红砖瓦、琉璃砖瓦 　　耐火砖、缸砖、空心砖	 11%	
原木	10%	
原竹	5%	
煤及其制品： 　　煤 　　煤球	 7.5% 2.5%	
煤气	2%	
焦炭及其副产品： 　　焦炭 　　炼焦副产品	 7% 13%	
矿物油及其副产品： 　　矿物油 　　矿物油副产品	 20% 13%	
钨砂	10%	
其他金属矿砂	5%	
金属冶炼品： 　　生铁、钢锭、铜 　　其他金属冶炼品	 5% 10%	
金属压延品： 　　钢铁压延品 　　其他金属压延品	 15% 11%	
元钉、拉链	15%	
自来水	2%	
电力	5%	

续表

税　　目	税　率	说　明
非金属矿产品： 滑石、白云石、云母、石墨 石棉、硃石、硼砂、硫磺 雄黄、石膏	7%	
机器、机械	5%	
机动车船	4.5%	
图书、杂志	2.5%	
鞭炮、焰火	35%	
各种焚化品	55%	
其他工业产品	5%	

（二）商业零售、交通运输及服务性业务部门

类　　别	项　　别	税率
商业零售部分	商业零售	3%
交通运输部分	邮电、铁道、航空、搬动装卸、交通运输电车、公共汽车	2.5%
服务性业务部分	包作、安装、设计、打捞、疏浚、建筑 加工、修理、化验、试验、缝纫、洗染织补 弹花、印刷、打字、誊写、照像、美术 裱面、镌刻、浴室、理发、仓储、堆栈	3%
	饮食、旅店、租赁、广告、喜庆	5%
	报关转运、介绍服务、代理购销 委托拍卖、信托、行栈	7%

37. 中华人民共和国工商统一税条例施行细则（草案）

（1958年9月13日财政部发布试行）

第一章　总　则

第一条　本细则根据中华人民共和国工商统一税条例（以下简称条例）第十八条的规定制定。

第二条　纳税人在中华人民共和国境内和国外分别设有总分支机构的，只就在国境内的机构所经营的业务交纳工商统一税。

第三条　工商统一税的纳税环节，根据条例第四条至第八条的规定，分列如下：

（一）工业品在工业环节、农产品在采购环节、进口外货在进口环节交纳工商统一税。这些产品通过商业零售环节销售的，另在商业零售环节交纳工商统一税。

（二）条例“税目税率表”中未经列举的农产品，在采购或者进口的环节不交纳工商统一税，只在通过商业零售环节销售的时候交纳工商统一税。

（三）交通运输和服务性业务在他们直接经营业务的单位或者核算单位交纳工商统一税。

第四条　工商统一税纳税义务发生的时间，根据条例第四条至第八条的规定，分列如下：

（一）从事工业品生产的纳税人，采用银行结算方式销售产品的，为银行收到货款划入企业帐户的当天；不采用银行结算方式的，由县（市）税务机关根据企业的会计制度和经或情况确定。

（二）从事农产品采购的纳税人，为支付货款的当天。

（三）从事外货进口的纳税人，为货物进口或者申报进口的当天。

（四）从事商业零售的纳税人，为收到货款的当天。

（五）从事交通运输和服务性业务的纳税人，为取得收入的当天。

第二章　计算纳税

第五条　条例第四条所说的“销售收入的金额”，是指按照工业品的实际销售价格所算出的销售收入的金额。

第六条　工业企业自己制造的、用于本企业生产的个别产品，在条例“税目税率表”中规定要纳税的，应当按照本企业销售同样产品的价格计算纳税；没有同样产品销售价格的，由税务机关和企业或者企业的主管部门协商一个相应的计税价格计税。

工业企业自己制造的、用于本企业基本建设和非生产用途的产品，应当照纳工商统一税。其计税价格，比照前款的规定办理。

第七条　工业企业用已税产品加工制成另一种产品（例如：用已税原木制成木器、已税羊毛纺成毛线），在销售后，应当按照另一种产品所适用的税率计算纳税。

加工后的另一种产品，和原来的已税产品同属于条例“税目税率表”中一个税目范围以内的（例如：已税裸铜电线制成包皮电线、已税白糖制成冰糖），在销售后，应当按照“其他工业产品”的税率计算纳税。

简单加工的产品（例如：已税棉布上浆、轧光以及商品的简单整理改制等），按照“其他工业产品”的税率纳税有困难的，可以由省、自治区、直辖市税务机关根据实际情况报请省、自治区、直辖市人民委员会批准免税。

第八条　工业企业接受委托加工垫用一部分自产原材料，如果通过销售账处理的，按照该项原材料所适用的税率计算纳税；不通过销售账处理的，垫料的价款并入加工费内计算纳税。

第九条　委托加工单位把加工后的下脚废料作价抵付加工费的，受托方应当按照加工费的全额计算纳税。

第十条　条例第五条所说的“采购所支付的金额”，是指按照农产品的实际采购价格所支付的金额。

第十一条　条例第六条所说的“进口货物所支付的金额”，对工业品是指按照进口货物的到岸价格加应纳的海关进口税和工商统一税计算；对农产品是指按照进口货物的到岸价格计算。

第十二条　工业企业设立门市部零售自产品，除交纳工业环节的工商统一税外，还应当交纳商业零售环节的工商统一税。但是纳税有困难的，可以由县（市）税务机关根据实际情况规定只纳工业环节的工商统一税。

第十三条　工商性质不易划分的企业，可以由县（市）税务机关根据实际情况规定只按照所适用的工业品税率或者商业零售税率交纳工商统一税。

第十四条　商业批发单位兼营零售业务的，其零售部分应当照纳工商统一税。

第十五条　商业企业委托工业企业加工产品，可以按照加工厂同样产品的销售价格计税；也可以由税务机关和委托加工企业或者企业的主管部门协商一个相应的计税价格计税。

第十六条　基本建设单位和其他不属于工商企业的单位，委托工业企业加工产品，应当在委托方提货的时候，由受托方代为纳税。其计税价格，比照前条规定办理。

第十七条　已税的产品因为变质、变色、损坏，需要回厂或者委托其他工业企业加工整理和改制的，不另纳税。

第十八条　个别工农业产品由于经营的特殊情况，其计税价格，由本部另行规定。

第三章　纳税程序

第十九条　纳税人交纳税款的期限，由县（市）税务机关分别核定为一天、三天、五天、十天、十五天、一月为一期，逐期计算。不能按期计算的，按次计算。

第二十条 纳税人交纳税款的期限，按照一天、三天、五天、十天、十五天计算税额的，于期满后三天内结算交纳（例如：按五天纳税一次的，2月1日至2月5日的税款不能迟于2月8日交纳）；按月计算税额的，于期满后五天内结算交纳。

第二十一条 前条规定的结算交纳日期，其最后一天，如遇星期日和国家规定的例假日，可以顺延。

第二十二条 工商统一税由纳税人按照税务机关所核定的期限，自行计算应纳税额、填写交款书，向当地代理金库的中国人民银行交纳。没有人民银行的地区，向当地税务机关交纳。

第二十三条 企业在规定交纳税款的期限内不能计算出应纳税款的，可以按照上期交纳的金额或者估计一个纳税金额先行交纳，等到下期一并结算清交。

第二十四条 国外进口的工农业产品，委托海关代征工商统一税。

第四章 免税退税

第二十五条 条例第十条所列免纳工商统一税的业务收入，解释如下：

（一）国家银行的业务收入，是指经营银行业务所得的利息、汇费、手续费以及杂项收入。

（二）保险事业的业务收入，是指保险公司的保险业务（包括国外分保业务）所得的保险费、手续费以及出售受损残余物资的收入。

（三）农业机械站的业务收入，是指农业机械站给农业生产单位耕作和出租农业机械的收入以及其他劳务收入。

（四）医疗保健事业的业务收入，是指各种医院、诊所、卫生院（所）、保健所（站）、兽医院（所）的医疗收入。

（五）科学研究机关的试验收入，是指科学研究单位出售试制产品、标本以及提供劳务的收入。

第二十六条 条例第十一条所列减税、免税的各项收入，解释如下：

（一）农业生产合作社和城市街道组织自办公共食堂和其他公共事业的收入，是指为社员、居民服务的非营业性质的公共食堂和其他公共事业的收入。

（二）农业生产合作社供销部代国营企业办理购销业务的收入，是指供销部接受国营企业委托代购代销工农业产品所得的手续费的收入。

（三）学校因勤工俭学举办的生产事业的收入，是指学校从事工农业生产的产品销售收入和接受委托加工的加工费收入以及其他劳务收入。

第二十七条　企业的非营业收入和销售下脚废料的收入，免纳工商统一税。

第二十八条　企业销货被退回的时候，纳税人对退货部分，可以向当地税务机关申请退还原纳税款或者抵作下期税款。

第二十九条　纳税人如因计算错误或者其他原因多纳了税款，可以自交款之日起一年内提出有关证明，报经当地税务机关查明属实后，办理退税或者抵作下期税款。

第五章　违法处理

第三十条　纳税人如有偷税、漏税的行为，任何人都可以检举，经税务机关查明属实依法处理后，对于检举人应当给予表扬或者物质奖励。

第三十一条　滞纳金起迄时间的计算，从税务机关规定交纳税款的期限届满之次日起到交款的当天为止。例如：税务机关规定交款届满的期限是2月8日，纳税人延至2月11日交纳，应当从2月9日起计算到2月11日止，共计三天，每天加收滞纳税款千分之一的滞纳金。

第三十二条　工商统一税的违法案件，除情节严重须送人民法院处理的以外，由县（市）税务机关处理。县（市）税务机关受理的违法案件应当迅速处理完毕，并将处理书送达当事人。

第三十三条 当事人不同意县（市）税务机关的处理，应当先将应纳税款交清，并于处理书送达的次日起二十天内向当地县（市）人民委员会或者上一级税务机关提请复议。对复议的结果仍不同意，可以逐级申诉。

当事人如不于规定期限内提请复议或者申诉的，原处理机关即依照原处理或者上级的决定执行。

第六章　附　则

第三十四条 有关税务登记和征收管理事项，由省、自治区、直辖市税务机关制定，并且报省、自治区、直辖市人民委员会批准。同时报本部备查。

第三十五条 本细则从公布之日起施行。

38.文化教育用品报运进口免税办法

（1959年2月16日对外贸易部、财政部修订发布
自1959年3月1日起实行）

第一条 学校、专门从事科学研究的机关、团体向国外进口下列专为教学、研究、实验用的物品（以下简称文化教育用品），可以按照本办法申请免征进口关税、工商统一税和地方税费：

（一）书籍、刊物、图表；

（二）标本、模型、语言录音片；

（三）科学实验用器械、仪器和它们的零件；

（四）化学、医学研究实验用物品；

（五）专供试验改良品种用的种子、种苗、种畜；

（六）教育专用的影片、幻灯片和艺术用品。

第二条 学校、专门从事科学研究的机关、团体申请免税的手续，规定如下：

（一）对委托各对外贸易进出口总公司向国外订购自用的文化教育用品，应当在纳税以前，将合同（合约）或者列有文化教育用品的名称、数量、价值、用途、购自国别等详情的清单一式三份（中国科学院、教育部一份），送交海关总署核定免税；

（二）对委托各地方对外贸易分公司订购和经中央或者地方核准自行向国外订购的自用文化教育用品，应当在物品进口以前，将合同（合约）或者列有物品的名称、数量、价值、用途、购自国别等详情的清单一式二份，送交海关总署核定免税后，凭以向进口地海关办理验放手续。

第三条 医院向国外订购专为自用的医疗器械和仪器申请免税，

也适用本办法。

第四条 政府机关或者人民团体派遣出国或者邀请回国的专家和在国外专科以上学校留学生回国时所携带符合本办法第一条规定的自用物品，并且持有有关机关的证明文件的，可以免税放行。

第五条 免税进口的文化教育用品，如果出售或者转让，应当由原申请免税的单位或者它所属的机构通知海关总署或者当地海关照章补税。

违反前款规定的，应当根据暂行海关法的规定处理。

第六条 本办法由对外贸易部会同财政部制定，报请国务院备案，修改时同。

39.海关对进出口邮递物品监管办法

（1959年5月11日对外贸易部修订发布）

第一条 为加强进出口邮递物品的管理，以保证对外贸易管制制度的有效实施，特制订本办法。

第二条 本办法所称邮递物品，是指包裹、小包邮件、货样和印刷品。

第三条 进出口的邮递物品，必须经过海关查验放行，邮局才可以投寄。

第四条 邮递进出口的货物，应当由收、发货单位或者他们的代理人，在设有海关的邮局向海关申报，并且按照海关的规定办理进出口手续。

第五条 邮递进出口的货样、广告品，除按照本办法监管外，按照“海关对进出口货样、广告品监管办法”办理。

第六条 邮递进出口的个人邮递物品，应当由设有海关的邮局负责交海关查验。但是寄自设有海关地方的个人邮递物品，可以由寄件人向驻邮局的海关机构申报交验，并且办理出口手续。

第七条 进出口个人邮递物品应征的关税、工商统一税，由邮局凭海关制发的税款缴纳证代征。

第八条 进出口的个人邮递物品，在自用、合理数量范围以内，并且每次价值不超过人民币50元、全年不超过300元，免领进出口许可证，按章完纳关税、工商统一税放行。

不符合前款规定的物品，除经海关特准的以外，出口的不准寄出；进口的应当由收件人或者他们的代理人在邮局保管期间内退寄国外，过期不退，由邮局送交海关变卖，所得价款，归入国库。

第九条 寄自或者寄往香港或者澳门的个人邮递物品，按照“海关对寄自或者寄往香港、澳门的个人邮递物品监管办法”办理。

第十条 外国驻我国的使领馆邮递进出口的公用物品，各国派驻我国的外交官、领事官、应邀来我国的专家邮递进出口的自用物品，以及我国政府机关、人民团体、国营企业等与国外相互赠送的邮递进出口的礼品，按照有关的优待办法办理。

第十一条 进出口邮递物品中，如果有按照国家规定须经审查、检疫、商品检验的物品，或者邮票，由海关按照国家有关规定处理。

第十二条 进出口邮递物品中，如果有禁止进口或者禁止出口的物品，应当由海关扣留。在海关规定限期内，由收件人或者他们的代理人将被扣留的进口物品退寄国外，寄件人或者他们的代理人领回被扣留的出口物品。过期不退或者不领，海关即予没收。但是由于对政治、文化、道德、卫生有害而被扣留的物品，都不发还。

禁止进口的物品，不准过境；装有禁止进口物品的过境邮递物品，由邮局退回国外。

第十三条 进口邮递物品，如果收件人声请退回原地或者改寄其他外国地方的时候，须经海关查验、放行。如果内中装有禁止进口物品，由海关按照本办法第十二条的规定处理。

第十四条 放弃的进口邮递物品，由邮局送交海关变卖，所得价款，归入国库。

第十五条 进口邮递物品，如果超过邮局规定的保管期限还未经收件人完纳关税领取，由邮局退回寄件人；无法退回的，由邮局送交海关变卖，所得价款，归入国库。

第十六条 利用进出口邮递物品，进行逃汇、套汇，或者假借自用名义，寄递物品出售牟利，由海关按照走私处理。

第十七条 本办法由本部海关总署解释。

第十八条 本办法自1959年6月1日起实施。

附件

禁止邮递进出口物品表

禁止邮递进口的物品

一、各种武器、弹药和爆炸物品；

二、中国货币，中国货币票据和证券；

三、对中国政治、经济、文化、道德有害的印刷品、手稿、笔记、铅版、纸版、底片、照片、留声机唱片、电影片、已经录音的录音带等；

四、麻醉药品、鸦片、吗啡、海洛英、可卡因（高根）等毒品，吸食毒品的用具，以及烈性毒药；

五、彩票；

六、已摄影未经冲洗的底片和胶卷；

七、没有正式牌号和包装的药品。

禁止邮递出口的物品

一、各种武器、弹药和爆炸物品；

二、中国货币，中国货币票据和证券；

三、外国货币，外国货币票据和证券；

四、黄金、白银、白金和它们的制成品；

五、有关中国革命的、历史的、文化的、艺术的珍贵文物图书；

六、内容涉及国家机密和不准出口的印刷品、手稿、笔记、铅版、纸版、底片、照片、已经录音的录音带等；

七、已摄影未经冲洗的底片和胶卷。

40. 海关对寄自或者寄往香港、澳门的个人邮递物品监管办法

（1959年5月11日对外贸易部修订发布）

第一条 自香港或者澳门寄进的个人邮递物品，在自用、合理数量范围以内，符合本办法限量表（附件）规定的品种和限量，并由收件人交验表内规定的证件，经海关审查属实后，免领进口许可证，按章完纳关税、工商统一税放行。

不符合前款规定的物品，除经海关特准寄进的以外，应当由收件人在一个月内退回原地；过期不退，由海关变卖，所得价款，归入国库。

第二条 寄往香港或者澳门的个人邮递物品，在自用、合理数量范围以内，并且价值不超过人民币20元的，免领出口许可证放行。

不符合前款规定的物品，除经海关特准的以外，不准寄出。

第三条 个人邮递物品，每人每月收或寄各以一次为限。

第四条 限量表由本部海关总署根据情况随时修订发布。

第五条 寄自或者寄往香港或者澳门的邮递物品，除按照本办法监管外，并且依照“海关对进出口邮递物品监管办法”第二、三、六、七、十、十一、十二、十三、十四、十六条及附件的规定办理。

第六条 本办法由本部海关总署解释。

第七条 本办法自1959年6月1日起实施。

附件

自香港、澳门寄进自用物品限量表

品　　名	每人限量	须交验证件
一、特效药（麻醉药品和补药除外）	自用合理数量	医院证明书
二、外科整形器材	自用合理数量	医院证明书
三、耳聋助听器 耳聋助听器用电池	一个（只限一次） 自用合理数量	医院证明书 医院证明书
四、计算尺	一支（只限一次）	学校或机关证明书
五、绘图仪器	一套（只限一次）	学校或机关证明书
六、游标卡尺	一支（只限一次）	学校或工矿企业证明书
七、机械绘图笔 机械绘图铅笔	每年一打 每年一打	学校或工矿企业证明书 学校或工矿企业证明书
八、衣着	自用合理数量并且每月价值不超过人民币10元	
九、集邮邮票	每月价值不超过人民币5元*	

* 寄往香港、澳门的，也不准超过此项限值。

41. 中华人民共和国海关对入境旅客行李物品和个人邮递物品征收进口税办法

（1960年11月17日国务院批准　1962年1月16日对外贸易部公布施行）

第一条　为了简化入境旅客行李物品和个人邮递物品进口税的计税手续，便利纳税人交纳税款，加速海关查验放行，制定本办法。

第二条　一切从国外入境的应税旅客行李物品、个人邮递物品、准许携带进口的个人馈赠品、准许托带给国内亲属的自用物品和船员携带进口的应税自用物品（以下简称进口物品），都由海关按照本办法的规定征收进口税。

第三条　进口税的税则如下表：

号列	物品名称	进口税率
1	粮食和粮食粉	20%
2	食品和饮料	
	（甲）奶粉、炼乳	60%
	（乙）糖	80%
	（丙）其他食品和饮料	120%
3	燕窝、鱼翅、海参、鲍鱼、干贝、鱼肚、鱼唇、糖精	200%
4	烟、酒	400%
5	药品和制成药品、动植物药料和香料	40%
6	鹿茸、麝香、人参	100%
7	棉布、麻布、棉麻衣着用品和其他棉制品，橡胶衣着用品	100%

续表

号列	物品名称	进口税率
8	毛、丝、人造和合成纤维的纺织品和衣着用品；其他各种材料制（如皮革、皮毛、塑胶等）衣着用品	150%
9	家庭和办公室用机器、刃具、手工工具、手用农具和它们的配件	60%
10	医疗器材，科学仪器	30%
11	钟、表、照相机、照相器材和它们的配件、附件	100%
12	自行车、其他车辆和它们的配件、附件	100%
13	收音机、乐器和它们的配件	70%
14	录音机和配件	40%
15	留声机和配件	150%
16	唱片、录音片	70%
17	电视机	12%
18	运动用具	70%
19	化妆品	180%
20	免税物品：	
	1. 农作物种子	
	2. 经卫生部指定的特效药	
	3. 经国家机关准许进口的报纸、杂志、书籍、乐谱、海图、地图，教育专用的电影片、幻灯片、语言录音片	
	4. 避孕用具、避孕药品	
21	以上各号列未包括的物品	120%

第四条 税则中没有具体列名的物品，由海关按照最适合的税则号列归类，征收进口税。

第五条 进口物品的进口税从价计征。其完税价格，由海关按照物品的到岸价格核定，如果到岸价格无法查明，应当由海关估定。

第六条 进口物品应当由海关按照填发税款交纳证那一天有效的税则征收进口税。

第七条 对于进口物品的税则号列归类和完税价格的核定，纳税人如果有不同意见，应当先交纳税款，在纳税后的次日起十四天内向海关提出书面申诉。海关接到申诉书后应当在七天内重行审核，如果维持原决定，应当在接到原申诉书后十四天内加具意见转报对外贸易部海关管理局审查处理；如果变更原决定，应当通知纳税人，并且调整税款。纳税人对变更的决定仍然不同意时，可以在接到变更决定的通知之日起七天内提出再申诉，海关应当在接到再申诉书后七天内加具意见转报对外贸易部海关管理局审查处理。对外贸易部海关管理局的决定为最后决定。

第八条 本办法经国务院批准，由对外贸易部公布施行。

本办法施行后，对于入境旅客的行李物品和个人邮递物品不再按照中华人民共和国海关进出口税则征收进口税。

42. 中华人民共和国西藏地区海关征收进出口税暂行办法

（1961年12月15日国务院全体会议第一百一十四次会议批准
1962年5月10日西藏自治区筹备委员会公布施行）

第一条 从西藏边境进出口的货物、邮递物品和旅客的应税行李物品（以下简称货物），都由海关按照本办法的规定征收进口税或者出口税。但是其他省、自治区、直辖市的货物经过西藏地区进口或者出口的，应当按照中华人民共和国海关进出口税则征税。

第二条 西藏地区进出口税的税则，见附表。

第三条 进口税则内没有列名的货物，应当由海关按照最适合的税则号列归类，征收进口税。出口税则内没有列名的货物，免征出口税。

第四条 货物的进出口税从价计征。进口货物应当以到岸价格作为计税价格的根据。出口货物应当以离岸价格作为计税价格的根据。进出口货物的到岸价格或者离岸价格无法确定的时候，可以由海关估定。进出口货物的到岸价格或者离岸价格根据外币计算的，应当按照中国人民银行全国统一外汇牌价折合人民币计算。

第五条 应税的货物，应当按照申报进口或者出口那一天有效的税则征税。

第六条 对于从与我国订有关税互惠条款的通商条约或贸易协定的国家购运进口的货物，如果本办法规定的进口税率高于中华人民共和国海关进出口税则规定的进口最低税率，应当按照进口最低税率征收进口税；对于我国运往上述国家的出口货物，如果按照中华人民共和国海关进出口税则的规定不征收出口税的，应当免征出口税。

第七条 纳税人应当在海关填发税款交纳证的次日起五天（假日除外）内交清税款。如果纳税人过期不交，海关应当自第六天起每天按税款千分之一征收滞纳金。

第八条 对于进出口货物在税则上的号列归类和计税价格的确定，纳税人如果有不同意见，可以在海关填发税款交纳证的次日起十四天内向海关提出申诉书，但是仍应在规定期限内交纳税款。海关接到申诉书后，应当在七天内重行审核，如果维持原决定，应当在接到申诉书后十四天内加具意见转报西藏自治区筹备委员会审查处理；如果变更原决定，应当通知纳税人，并且调整税款。纳税人对变更的决定仍然不同意时，可以在接到变更决定的通知之日起七天内提出再申诉，海关应当在接到再申诉书后七天内加具意见转报西藏自治区筹备委员会审查处理。西藏自治区筹备委员会的决定为最后决定。

第九条 本办法经中华人民共和国国务院批准后由西藏自治区筹备委员会公布施行。

西藏地区进出口税则

税则号列	货　　名	税率
一、进口税		
1	粮食、粮食粉、洋芋粉、饲料	免税
2	各种果品、干果、蔬菜和咸制、干制蔬菜（不包括罐头）	3%
3	鱼、肉和它们的咸、干等制品（不包括罐头）	10%
4	奶和它的制品	20%
5	各种食用动、植物油脂	5%
6	糖和糖食品：	
	甲、糖（包括白糖、红糖、碗糖等）	10%

续表

税则号列	货　　名	税率
	乙、巧克力糖、水果糖、牛奶糖等糖食品	80%
7	调味品	40%
8	未列名食品	40%
9	砖茶、紧茶和各种茶叶	80%
10	烟草和它的制品：	
	甲、鼻烟、烟叶	40%
	乙、卷烟、其它烟草制品	80%
11	酒、饮料、咖啡、可可：	
	甲、酒、饮料	100%
	乙、咖啡、可可和它们的制品	80%
12	水泥、窗玻璃	5%
13	铁皮、建筑用钢材	3%
14	汽车、机器脚踏车和它们的零件（包括轮胎在内）	3%
15	马车、脚踏车和它们的零件（包括轮胎在内）	10%
16	汽油、煤油、滑润油等	3%
17	油漆、颜料、染料	10%
18	橡胶、塑料、玻璃的制品（原料和工业、科学研究用的制品除外）	50%
19	医药用器具、中西药品（原药、成药）	5%
20	化工原料、肥料、杀虫剂	3%
21	纺织原料和纺织品：	
	甲、棉花、麻	免税
	乙、羊毛、蚕茧、丝、人造丝、人造或合成纤维	30%
	丙、棉布、麻布	10%

续表

税则号列	货　名	税率
	丁、毛线、呢绒、绸缎、几种纤维混纺布匹	80%
22	毛皮和皮革：	
	甲、毛皮（已硝或未硝）	50%
	乙、皮革	5%
	丙、皮革制品（鞋、帽、衣着不包括在内）	30%
23	鞋、帽和其它衣着用品（包括氆氇、毛皮、皮革制的在内）：	
	甲、鞋、帽	30%
	乙、其它	80%
24	各种贵重金属和它们的制品；珠宝饰物：	
	甲、金、银、铂	免税
	乙、其它	50%
25	五金器材：	
	甲、五金原料	3%
	乙、铝制器皿	5%
	丙、铁镐、铁锹、铁制工具和农具	3%
	丁、其它金属制品	10%
26	发动机、工作母机、电动机、发电机、其它工矿用机器、农业用机器和它们的零件	3%
27	缝纫机、其它家庭用的机器和它们的零件	20%
28	电气器材：	
	甲、无线电收音机（包括带唱机的）和它的零件、电熨斗	50%
	乙、电灯泡、电池、电话机和其它电气器材	10%
29	照相机、胶卷和其它照相器材	60%
30	科学仪器、计算尺、电表、水表：	

续表

税则号列	货　　名	税率
	甲、天文、航空、航海等仪器和它们的配件	免税
	乙、其它	5%
31	唱机、录音机和它们的零件、唱片、乐器和音乐器材	50%
32	各种钟、表	60%
33	各种文教用品：	
	甲、书籍、地图、报、杂志、教育用语言唱片、美术用品	免税
	乙、运动用具	30%
	丙、自来水笔、自动铅笔、圆珠笔	60%
	丁、打字机、油印机和它们的零件、复写纸、蜡纸	40%
	戊、各种纸张和它们的制品	10%
	已、其它文教用品	20%
34	杂货：	
	甲、玩具	80%
	乙、肥皂、蜡烛、火柴	10%
	丙、化妆品、化妆用具	100%
	丁、未列名日用百货	30%
35	佛像、手转经轮等敬佛用品	30%
36	活动物：	
	甲、改良种用牛、马、羊等	免税
	乙、牛、马、驴、骡	5%
	丙、家禽及未列名活动物	10%
37	树苗、种子	免税
38	以上各税号未包括的物品：	
	甲、未列名工、农业用品	10%

续表

税则号列	货　　名	税率
	乙、其它	30%
二、出口税		
1	羊毛	10%
2	毛皮：	
	甲、牛皮、羊皮	10%
	乙、其它杂皮	15%
3	牛毛、牛尾、猪鬃	15%
4	药材：	
	甲、麝香、鹿茸、牛黄	30%
	乙、其它药材	15%
5	盐巴	8%
6	碱硝	10%

43. 中华人民共和国海关对入境旅客行李物品和个人邮递物品征收进口税办法税率修改表

（国务院通知自1962年6月10日起实行）

原税号税率			修改后的税号税率		
号列	物品名称	进口税率	号列	物品名称	进口税率
11	钟、表、照相机、照相器材和它们的配件、附件	100%	11	钟、表、照相机、照相器材和它们的配件、附件： （甲）钟、表和它们的配件、附件 （乙）照相机、照相器材和它们的配件、附件	 180% 100%
12	自行车、其他车辆和它们的配件、附件	100%	12	自行车、其他车辆和它们的配件、附件： （甲）自行车和它的配件、附件 （乙）其他车辆和它们的配件、附件	 180% 100%

图书在版编目(CIP)数据

行政法史料汇编：1949—1965. 税务行政法 / 梁玥主编. —北京：中国法制出版社, 2022.12

ISBN 978-7-5216-2931-6

Ⅰ. ①行… Ⅱ. ①梁… Ⅲ. ①税法—行政法—史料—汇编—中国—1949-1965 Ⅳ. ①D922.102

中国版本图书馆CIP数据核字（2022）第178811号

责任编辑：侯　鹏　　　　封面设计：李　宁

行政法史料汇编：1949—1965. 税务行政法

XINGZHENGFA SHILIAO HUIBIAN: 1949—1965. SHUIWU XINGZHENGFA

主编 / 梁　玥

经销 / 新华书店

印刷 / 北京虎彩文化传播有限公司

开本 / 880毫米×1230毫米　32开　　　　印张 / 10　字数 / 270千

版次 / 2022年12月第1版　　　　2022年12月第1次印刷

中国法制出版社出版

书号ISBN 978-7-5216-2931-6　　　　定价：45.00元

北京市西城区西便门西里甲16号西便门办公区

邮政编码：100053　　　　传真：010-63141600

网址：http://www.zgfzs.com　　　　**编辑部电话：010-63141826**

市场营销部电话：010-63141612　　　　**印务部电话：010-63141606**

（如有印装质量问题，请与本社印务部联系。）